ETERNEL SENNA

À mon très cher ami, Arnaud Chambert-Protat, avec qui j'ai partagé tant de moments de complicité sur les circuits de F1 et en dehors.
Arnaud, tu nous as quittés trop tôt, tu vas beaucoup nous manquer. Mes plus chaleureuses pensées vont à ton épouse, Anne-Laure, à tes enfants et tes petits-enfants. Ce livre Éternel Senna, *mettant en lumière cet immense champion que nous avons tant admiré, est pour toi.*

Dominique Leroy

Les auteurs

Dominique Leroy est un photographe nîmois, auteur et réalisateur. Véritable passionné de photographie, il a fait des paddocks de Formule 1 son terrain de jeu pendant plus de 25 ans. Témoin privilégié de l'ascension d'Ayrton Senna dans le monde de la Formule 1, il a photographié le pilote brésilien durant toute sa carrière.

Daniel Ortelli a couvert la F1 et tout le sport auto pendant plus de 10 ans pour l'AFP, aux quatre coins de la planète. Il a deja publié plusieurs livres sur l'histoire de la F1, ses champions du monde depuis 1950 et les biographies des deux plus récents, Lewis Hamilton et Max Verstappen (avec Thomas Woloch).

Thomas Woloch est un jeune auteur spécialiste des sports automobiles. Né à Nantes, il est diplômé de l'École de journalisme de Cannes et titulaire d'une Certification en journalisme de l'Université Laval (Canada). Passionné de sports, Thomas Woloch est également l'auteur des biographies de Max Verstappen (avec Daniel Ortelli) et Sebastian Vettel (avec Loïc Chenevas-Paule).

Photographie de la première de couverture :
Ayrton Senna, l'air songeur, avant de prendre le départ du Grand Prix de Saint-Marin en 1994. Quelques minutes après cette photo, sa Williams va heurter le mur de Tamburello, laissant l'histoire du Brésilien dans la légende de la Formule 1.

Édité par :
Éditions Glénat

Éditions Glénat
Couvent Sainte-Cécile
37, rue Servan
38 000 Grenoble

Mise en page : Julie Lotte
Prépresse et fabrication : Glénat production

Le papier utilisé pour la réalisation de ce livre provient de forêts gérées de manière durable.

Certifié PEFC
Ce produit est issu de forêts gérées durablement et de sources contrôlées
PEFC
PEFC/14-38-00202
www.pefc-france.org

Achevé d'imprimer en avril 2024 en Espagne par Indice S. L.
Dépôt légal : avril 2024
ISBN : 978-2-344-06379-8

ETERNEL SENNA

PHOTOS Dominique Leroy
TEXTES Daniel Ortelli et Thomas Woloch

AVANT-PROPOS Jean Alesi
Gerhard Berger
Thierry Boutsen

Glénat

AVANT-PROPOS

GERHARD BERGER

« La première fois que j'ai rencontré "ce mec" (à l'époque, en F3, chacun n'était, la plupart du temps, qu'un nouveau rival qu'aucune réputation ne précédait), ce fut bizarre, lunaire ! Il avait gagné, mais il n'était pas content que je sois crédité du meilleur tour "à sa place", comme il me le dit sur le podium. Cela m'était totalement égal, j'avais envie d'en rire et je lui ai répondu de déposer une réclamation auprès de la direction de course. Je l'aurais même aidé à obtenir gain de cause, tant je me fichais complètement d'avoir mon nom sur cette ligne. En tout cas, le message était clair : ce type n'aimait pas perdre et ne lâchait rien.

Sept ans plus tard, nous étions devenus amis et équipiers en F1 donc, dans un certain sens, plus rivaux que jamais puisque nous disposions du même matériel. Pourtant, quand je réussissais quelque chose mieux que lui, Ayrton me félicitait, ravi ! Encore quatre ans plus tard, une anecdote résume bien les liens qui nous unissaient : au départ d'une course en Italie, alors que le speaker présentait un par un les pilotes présents sur la grille de départ, le public applaudit bruyamment à l'annonce de mon nom. Ayrton m'adressa alors un clin d'œil depuis son cockpit : cette ovation qui m'était destinée lui faisait plaisir. Ce fut notre dernier échange de regards. Il est pour toujours gravé dans mes yeux, dans ma tête, dans mon cœur, partout en moi, vibrant toujours à

THIERRY BOUTSEN

« Je n'ai jamais eu la chance de faire équipe avec Ayrton. Et, comme il se liait peu à d'autres pilotes, je garde un souvenir très ému de notre amitié. Je ne sais plus comment cela s'est fait, ce fut peut-être aussi banal que de découvrir un collègue de bureau. Les sentiments de sympathie et de sincérité humaine ont rapidement prévalu sur tous les autres.

En vacances chez lui ou ailleurs, nous partagions de grands moments d'échange et de confiance, nous étions souvent dans la confidence sur de multiples sujets. Dont Dieu, qu'il remerciait à chacune de ses victoires. Certains médias disaient que c'était du "blabla" pour son image. Je vous certifie que non. Sa foi sincère l'a beaucoup porté, et même s'il était naturellement très fort, elle a contribué à le renforcer encore plus, l'élevant jusqu'au sommet d'où personne ne l'a encore délogé.

Quand ma femme Patricia et moi lui avons demandé d'être le parrain de notre fils, ce n'était pas juste par amitié : connaissant son attachement à la religion, nous savions qu'il prendrait ce rôle à cœur. Il a accepté. Hélas, Cédric est né trois semaines "après"… Ayrton n'est donc pas son parrain, mais je suis convaincu que d'où il est, il veille tout de même sur lui. »

Ce livre contient 22 interviews inédites de ceux qui ont côtoyé Ayrton Senna en F1, avec des versions d'entretiens filmés accessibles via un QR code en pages 222-223.

JEAN ALESI
GIOVANNA AMATI
GERHARD BERGER
THIERRY BOUTSEN
JOHNNY CECOTTO
CLIVE CHAPMAN
NUNO COBRA
ERIK COMAS
JACQUES DALLAIRE
BOB DANCE
JEAN-MARC GOUNON
STEVE HALLAM
JACKY ICKX
JEAN-PIERRE JARIER
STEFAN JOHANSSON
FELIPE MASSA
JEAN-LOUIS SCHLESSER
JACKIE STEWART
PATRICK TAMBAY
LEO TURRINI
ERIC VAN DE POELE
MIKE WILSON

SOMMAIRE

8

4

LA RÉVÉLATION

DE LA F3 À LA F1

LES NOMBREUSES VICTOIRES D'AYRTON SENNA EN ANGLETERRE, EN FORMULE FORD PUIS EN FORMULE 3 (10 EN 1983), ONT PERMIS AU JEUNE BRÉSILIEN DE SE FAIRE REPÉRER.

Sa séance d'essais chez Williams, qui est déjà complet pour 1984 (Rosberg et Laffite), a peut-être convaincu Ron Dennis qu'il faut le suivre de près, mais le patron de McLaren est coincé : il a déjà décidé de recruter Alain Prost pour remplacer John Watson aux côtés de Niki Lauda, qui vise un troisième titre mondial. Du côté de chez Lotus, Peter Warr aurait bien aimé associer Ayrton à Elio de Angelis, mais les sponsors anglais de Nigel Mansell mettent une grosse pression en faveur du bouillant moustachu qui, finalement, conserve sa place dans l'écurie fondée par le regretté Colin Chapman, disparu en 1982.

PIQUET MET SON VETO...

Il ne reste plus que Brabham et Toleman pour accueillir Ayrton. Bernie Ecclestone, depuis le mois de juillet, est au courant qu'il est disponible pour 1984. Il y a juste deux gros problèmes : Parmalat, le sponsor principal de l'écurie qu'il a rachetée au début des années 1970, préfèrerait avoir un pilote américain aux côtés de Nelson Piquet. Le double champion du monde (1981, 1983), conscient du danger représenté par son jeune compatriote, met son veto. Il le démentira plusieurs fois dans les années qui suivront, mais Herbie Blash, alors directeur général de Brabham, et Chris Witty, le patron de Toleman, sont au courant et Ecclestone sait que ça ne peut pas marcher. « Nelson était très énervé quand il a appris qu'on voulait recruter Senna et il en a parlé à Parmalat. J'ai dit à Parmalat que c'était stupide d'avoir deux Brésiliens, qu'ils ne s'entendraient jamais. J'ai aussi expliqué à Parmalat que Senna était plus rapide que Piquet et que cela expliquait pourquoi Nelson ne le voulait pas dans l'équipe. »

UNE CLAUSE DE DÉPART CHEZ TOLEMAN

Ayrton va donc signer chez Toleman, mais il exige une clause de départ dans son contrat. Il est conscient qu'il va avoir du mal pour ses débuts en F1. Si la Toleman n'est pas assez performante pour répondre à l'ambition dévorante du pilote, le Pauliste est bien décidé à prendre les devants. Senna menace même d'arrêter de courir si on ne l'autorise pas à partir dans une autre écurie, fin 1984 ! L'ultime négociation a lieu en Angleterre, mais chaque

À 24 ans, le 25 mars 1984, le jeune Ayrton Senna débute officiellement en F1, dans l'écurie britannique Toleman, sur le circuit de Jacarepaguá au Brésil.

clause du contrat, phrase par phrase, doit être traduite et validée, par téléphone, avec les avocats de Senna à São Paulo.

PAS DE CASQUE ASSEZ GRAND CHEZ ARAI...

Dans le même temps, via Keith Sutton, le fondateur de l'agence de photo Sutton Images, Ayrton négocie avec Arai, le fabricant japonais de casques de moto et de F1. La somme demandée par le néo-homme d'affaires est bien supérieure aux 60 000 dollars initialement proposés. La marque nippone est sidérée et se fend d'une réponse bien sentie au téméraire Brésilien : « Nous sommes désolés. Nous n'avons aucun casque qui fasse la taille de votre tête. »

PRÉPARATION TARDIVE AVEC NUNO COBRA

Alors qu'il se prépare à débuter en F1, Ayrton est persuadé qu'il a un problème cardiaque. Il prend rendez-vous avec Nuno Cobra, fin 1983, à l'Université de São Paulo. Le premier contact n'est pas très encourageant. Le spécialiste de la préparation physique et mentale n'a jamais travaillé avec un pilote automobile et il trouve même que le jeune Brésilien est « un peu rachitique ». Mais il accepte ce nouveau défi, celui de « rendre ce jeune mec plus fort », racontera-t-il plus tard. La préparation débute en janvier 1984, quelques semaines seulement avant les grands débuts d'Ayrton Senna en F1, au Grand Prix du Brésil, sur le circuit de Jacarepaguá.

COURSE APRÈS COURSE

1984

GRAND PRIX DU BRÉSIL : LA MALCHANCE DU DÉBUTANT

Le Championnat du monde de Formule 1 s'ouvre sur le tracé de Jacarepaguá. En ce dimanche 25 mars, Ayrton Senna s'est réveillé à cinq heures du matin. Pour la première fois, il va prendre le départ d'un Grand Prix. Hasard du calendrier, la première manche se dispute dans son pays, dans la région de Rio de Janeiro. Mais il est tout sauf euphorique. Ce n'est pas le genre de la maison.

Le vendredi matin, au lieu de se diriger vers le circuit, il est forcé de se rendre chez le dentiste à cause d'une infection dentaire. Il n'arrivera sur le tracé qu'à midi et ses difficultés à communiquer avec son écurie – dues à l'anesthésie de ses gencives – lui rendent la tâche ardue. Le samedi donne lieu à une nouvelle péripétie. Senna et sa Toleman TG183B sont bloqués aux stands la plus grande partie de l'après-midi. En cause : les gommes Pirelli montées sur la voiture sont cloquées. Un défaut de fabrication du manufacturier. L'équipe les change, mais rien n'y fait : « J'ai fait un tour et dès le deuxième, quand j'ai essayé d'aller plus vite, la voiture est devenue inconduisible. Dans mes rétroviseurs, j'ai vu des morceaux de pneu voler partout », s'énerve le débutant. Malgré cela, et un problème de turbo en prime, il arrive quand même à se qualifier en 17e position. Il est le meilleur des petits nouveaux.

Dans une foule acquise à la cause de Nelson Piquet, le héros local, Ayrton Senna bénéficie malgré tout d'une certaine attention. Le matin de l'épreuve, il enchaîne autographes et entrevues dans un climat torride avant de discuter stratégie avec son équipe. L'arrêt aux stands pour changer de pneus est prévu pour le 30e tour. Il n'en bouclera que huit. Comme la veille, le turbo du moteur Hart fait des siennes, et le trahit. Le Brésilien a souvent été devant, dans les catégories inférieures, et il est le premier à abandonner. Sous les yeux de sa mère Neyde et de son père Milton, il témoigne calmement devant les médias de son pays : « J'avançais très lentement, très doucement, pour ne pas abîmer les pneus. Les casses mécaniques arrivent. Ce que l'on doit faire maintenant, c'est trouver l'origine du problème et préparer la voiture pour la prochaine course. Bien sûr que je suis déçu, mais qui ne le serait pas ? » Passer la ligne d'arrivée de son premier Grand Prix attendra.

Le casque jaune et vert d'Ayrton Senna, dessiné par Sid Mosca et devenu légendaire, reprend les couleurs dominantes du drapeau brésilien.

Dès le GP de Monaco, en mai 1984, Ayrton Senna se révèle aux yeux du monde en terminant 2e, juste derrière Alain Prost. À cause de la pluie, la course a été arrêtée par un drapeau rouge.

GRAND PRIX DE MONACO : LE FACTEUR ICKX

À son arrivée à Monaco, l'après-midi du 30 mai 1984, Ayrton a une mauvaise surprise : son passeport a disparu, volé dans le sac d'une assistante de l'écurie Toleman. Mais pas de quoi l'empêcher de se concentrer sur ses premiers essais dans les rues de la Principauté. Grâce à ses nouveaux pneus Michelin, dont il dispose depuis le GP de France, il prend la 13e place sur la grille, comme à Dijon-Prenois. Et ce 13 lui porte bonheur car le dimanche, sous une pluie battante, il fait la première grande démonstration de son talent, dans le Grand Prix le plus attendu de l'année. Avec un gros avantage : il est équipé des mêmes pneus français que les McLaren de Prost et Lauda, parce qu'il pleut. Explication : Toleman, qui n'est pas riche, a signé un contrat « low cost » avec Michelin et doit utiliser, en théorie, des pneus de la saison précédente. Sauf que la firme de Clermont-Ferrand n'a plus de pneus pluie de 1983 en stock, et sort donc de son camion des pneus de l'année pour Senna et Johnny Cecotto. Le résultat est à la hauteur de ce cadeau imprévu. Ayrton prend un excellent départ, il est déjà 9e à la fin du 1er tour, puis continue à dépasser tout ce que la grille compte comme stars, de Rosberg à Lauda en passant par Alboreto et Arnoux, les pilotes Ferrari. Au 19e tour, il est deuxième et remonte sur Prost à raison d'une seconde par tour en moyenne.

Au 30e tour, la pluie devient diluvienne, la visibilité est quasi nulle et Prost a des problèmes de freins. Il roule presque au ralenti, mais pas Senna. Quand Jacky Ickx abaisse le drapeau rouge sur la ligne d'arrivée, le Brésilien est revenu à trois secondes du Français. La course est finie, pour raisons de sécurité. Senna croit qu'il a gagné et la confusion règne autour de la direction de course. C'est son premier podium en F1 mais il est frustré par les circonstances. Il n'ira pas au gala du soir, offert par la famille princière, et va dîner avec ses proches, dont Alex Hawkridge et deux journalistes brésiliens, Galvão Bueno et Reginaldo Leme.

JOHNNY CECOTTO

Johnny Cecotto, coéquipier d'Ayrton Senna en 1984 chez Toleman, parle de sa relation avec lui...

Au début, c'était très bien. Nous avions une bonne relation. Bien sûr il était le pilote numéro 1, car il était arrivé avant moi et avait signé un contrat de numéro 1. L'équipe n'avait pas la possibilité de faire deux voitures identiques. Par exemple, les moteurs étaient différents. Ayrton avait la nouvelle version – celle de 1984 –, avec un système à injection électronique de carburant. Et j'utilisais le moteur de 1983, avec un système à injection mécanique. La différence se fait sur la vitesse, la puissance, sur beaucoup d'autres choses... Normalement, Ayrton faisait tous les tests, la préparation, et je pilotais seulement la voiture les week-ends de course. Un jour, on m'appelle pour que l'on aille faire des essais ensemble, à Donington [Park]. C'était sur une seule journée et nous n'avions qu'une seule voiture. Nous alternions. À la fin de la journée, j'étais un peu plus rapide que lui, et pour lui ce n'était pas acceptable. Il n'aimait pas ça, il ne l'acceptait pas. Du coup, la relation avec lui s'est légèrement dégradée. Après quelques années, et il en a parlé dans Autosprint, on lui a posé la question : "Quel coéquipier vous a le plus impressionné ?" Il a répondu que c'était moi...

En 1984, Ayrton Senna dispute 14 Grands Prix chez Toleman et découvre les rouages de la F1 dans la TG184 à moteur Hart.

GRAND PRIX DE DALLAS : UNE COLÈRE NOIRE COMME L'ASPHALTE !

À Dallas, sur le troisième circuit en ville de cette saison 1984, après Monaco et Détroit, il fait tellement chaud que la piste fond, se craquelle, se délite. Quant aux écuries, certaines remplissent d'eau et de glaçons des poubelles de 50 litres pour y plonger les casques des pilotes, afin qu'ils puissent supporter la chaleur intense qui règne dans le cockpit pendant les séances d'essai. Pas de quoi perturber Ayrton Senna, dont les séances de préparation physique avec Nuno Cobra, depuis six mois, ont bien amélioré la résistance. Il met sa Toleman sur la 3e ligne de la grille, à la 5e place. Cela suffit largement à son *team manager*, l'ex-pilote Peter Gethin, qui lui demande de ne pas retourner sur la piste pour tenter d'améliorer cette place. Senna n'est pas d'accord du tout, mais il se contient pour ne pas exploser. Il est allé voir de près toutes les portions du circuit où les organisateurs ont fait remettre du ciment, dans tous les trous où l'asphalte a fondu. Son but : retourner au combat. Mais Gethin ne se laisse pas faire. Ayrton rentre à l'hôtel furieux, sans saluer ses patrons. Le lendemain, il abandonne au 47e tour (problème de transmission) après avoir disputé toute la course en queue de peloton.

Ci-dessus : en 1984, la Toleman TG184 n'est pas la voiture la plus performante du plateau, mais elle permet au jeune Brésilien de boucler les 549 premiers tours de sa carrière en F1.

Ci-contre : minutieux, Ayrton Senna ne prenait jamais le départ d'un Grand Prix sans se recouvrir les mains de bandages pour éviter les ampoules.

TOLEMAN TG183B/TG184

C'est la première F1 pilotée officiellement par Ayrton Senna en Championnat du monde. Pour ses débuts en 1984, le Brésilien doit composer avec une monoplace difficile à piloter. Dessinée par Rory Byrne, elle est de forme angulaire, lourde, et ne bénéficie pas de direction assistée. Les efforts physiques qu'elle requiert pour la dompter sont colossaux. Ce qui va compliquer la tâche du jeune champion de la F3 britannique, confronté à des limites purement physiques à son pilotage. C'est « une voiture compliquée à piloter et à régler, mais lorsque l'on met le doigt sur les bons réglages, elle peut se montrer raisonnablement rapide », souligne l'ingénieur de piste de Senna, Pat Symonds. La TG183B dispose d'un radiateur disposé à même l'aileron et elle est propulsée par un moteur turbo Hart « maison » d'environ 600 chevaux, dont la fiabilité n'est pas le point fort. Elle est d'abord chaussée de pneus Pirelli qui, au grand dam de Senna, ne peuvent rivaliser avec ceux de ses concurrents, équipés par Goodyear et Michelin.

Après trois courses et une non-qualification au Grand Prix de Saint-Marin, la TG183B rentre définitivement au box du team britannique, remplacée par une version améliorée : la Toleman TG184. Rory Byrne détaille : « La suspension et la monocoque étaient essentiellement les mêmes que celles de la 183, mais nous avons supprimé le système Venturi de l'aileron avant, car cela rendait la voiture trop sensible au tangage, et avons déplacé les radiateurs d'huile et d'eau vers le ponton droit. Nous avons obtenu une augmentation d'appui d'environ 25 %. » Résultat : la voiture s'avère bien plus facile à régler et à piloter. De plus, la Toleman TG184 est désormais équipée de pneus Michelin, comme les Ligier, Renault, Brabham et McLaren. Elle a été conçue pour rouler avec les gommes du manufacturier français. Le budget de Toleman est nettement inférieur à celui de McLaren ou Ferrari, mais la petite écurie anglaise trouve des solutions. Par exemple, en faisant des tests aérodynamiques dans une soufflerie appartenant au ministère de la Défense. À partir du GP de Monaco, Senna bénéficie d'un nouveau système d'injection électronique, contrairement à son coéquipier Johnny Cecotto, qui doit se contenter d'un système mécanique. Le Pauliste va décrocher trois podiums dans cette monoplace, les seuls de l'histoire de cette écurie fondée à l'origine par un transporteur routier.

STEFAN JOHANSSON

Stefan Johansson, l'autre coéquipier d'Ayrton Senna en 1984 chez Toleman, parle du talent du pilote brésilien, de son niveau d'exigence hors norme, et compare leur la relation avec celle, plus amicale, qu'il a eue avec Alain Prost…

« Avec le département moteurs, avec les gens de chez Michelin, tout devait être parfait, tout le monde devait lui donner une réponse concernant le comportement de sa voiture. Il était très impressionnant, il voulait absolument des résultats, à tout prix. Il demandait le meilleur de tout le monde parce qu'il performait sur les circuits. Il était jeune, mais très difficile et exigeant, disant : "Je veux ça, et ça, et ça." Ce n'était pas comme avec Alain [Prost]. [Avec lui] c'était une relation personnelle, avec un certain niveau d'amitié. On parlait de la voiture en premier, mais quand on avait fini avec la voiture, on appréciait de parler d'autres choses. Ayrton était différent. On ne tissait pas de lien personnel, mais ce n'était pas grave, car ça ne l'intéressait pas. Il était si ambitieux, si déterminé à avoir des résultats. Alain aussi, mais il avait une façon différente de fonctionner. »

Il était jeune, mais très difficile et exigeant.

STEFAN JOHANSSON

GRAND PRIX D'ALLEMAGNE : LA DÉCOUVERTE DE LA FRUSTRATION

Au 4e tour, sur le circuit de Hockenheim, la Toleman TG184 s'enfonce dans la forêt de Hockenheim. À plus de 250 km/h, son aileron arrière se détache. Senna, 5e, perd le contrôle de sa monoplace qui tape dans le rail de sécurité. Le Brésilien n'est pas blessé, mais sa voiture est très abîmée, tout comme l'ego du pilote. De rage, il jette son volant par terre, puis marche du lieu de l'accident jusqu'à son stand, ce qui lui laisse le temps de méditer sur son sort. « J'avais tout, la voiture était parfaite, je n'avais aucun doute sur mon rythme. Je suis sûr que j'aurais pu réussir à finir entre Prost [vainqueur] et Lauda [deuxième]. » C'est la quatrième fois de la saison qu'il est victime de sa mécanique en course.

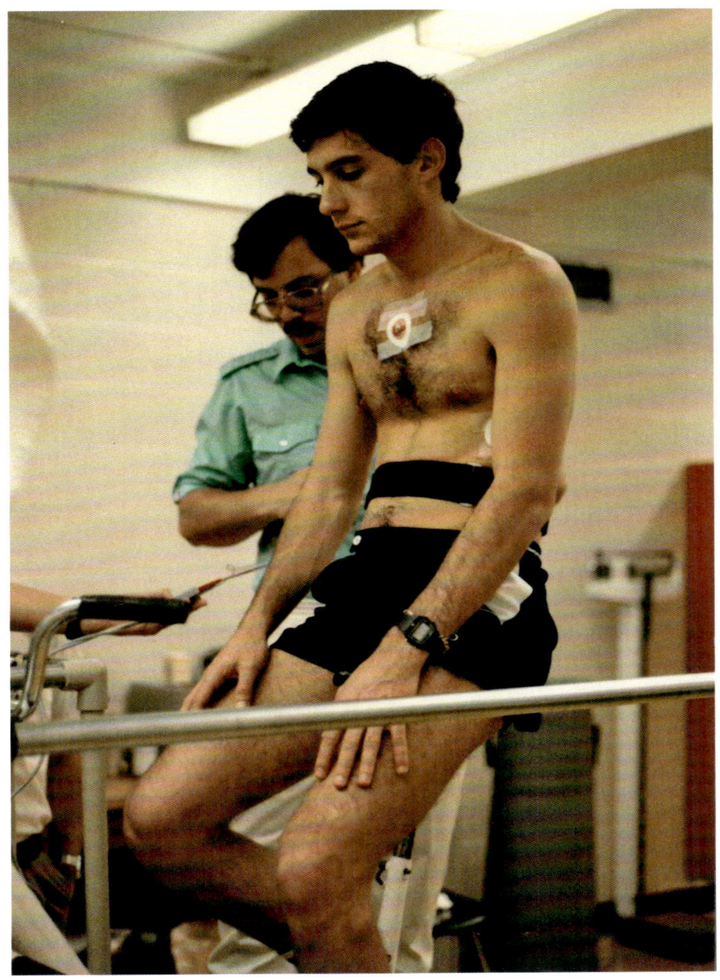

À son arrivée en F1, Ayrton Senna a une carrure plutôt frêle, et semble même très fragile aux yeux de celui qui va devenir son préparateur physique et son confident : Nuno Cobra. Ici, les capacités physiques du pilote sont évaluées à l'université McGill, quelques jours avant le GP du Canada 1984.

GÉRARD DUCAROUGE, FAN DE LA PREMIÈRE HEURE

Sur cette saison inaugurale de Senna en F1, les anecdotes ne manquent pas. Beaucoup évoquent son assurance très affirmée pour un débutant dans la catégorie reine, et un caractère pas toujours facile à gérer, notamment par son patron d'écurie, Alex Hawkridge. Alors que les échanges strictement techniques avec Rory Byrne, le concepteur de ses monoplaces, étaient bien plus riches et satisfaisants.

Ayrton est déjà un gros travailleur et il explique, dès le mois de juin 1984, qu'il a besoin de se sentir respecté : « J'aimerais que les gens me respectent pour ce que j'ai fait par mon travail, ma seule volonté et par les sacrifices du temps passé », relate le magazine français *AutoHebdo*. Dès son arrivée en F1, Ayrton n'hésite pas à braver sa timidité pour aller saluer Gérard Ducarouge, l'ingénieur vedette de Lotus, assis à une table voisine au restaurant où il se trouve avec ses inséparables amis journalistes, Reginaldo Leme et Galvão Bueno de TV Globo.

Ducarouge s'en souvient encore, quelques années plus tard, et raconte l'anecdote au journaliste Lionel Froissart, auteur de plusieurs livres sur le Brésilien dont il était très proche : « Il s'est adressé à moi en italien. Je parle cette langue pour l'avoir pratiquée chez Alfa Romeo. Ayrton, que je ne connaissais pas du tout, m'a alors félicité pour l'ensemble de mon œuvre. Il savait tout ou presque de ma carrière : mes débuts chez Matra en endurance, ma longue collaboration avec Ligier puis Alfa Romeo, et mon arrivée en Angleterre chez Lotus l'année précédente. Il m'a fait comprendre qu'il voulait absolument travailler avec moi et qu'un jour ou l'autre cela se produirait. C'était d'autant plus étonnant qu'il arrivait en F1 et commençait tout juste sa collaboration avec Toleman. » Quelques mois plus tard, Senna sera chez Lotus, avec Ducarouge comme directeur technique…

GRAND PRIX DU PORTUGAL : ADIOS TOLEMAN !

Le GP du Portugal est le 16e et dernier rendez-vous de cette saison 1984. C'est aussi l'occasion pour Ayrton de terminer en beauté sa première saison de F1, en apportant un troisième podium à Toleman après ceux de Monaco et de Brands Hatch, au British GP. Parti sur la 3e place de la grille, il conclut la course à la même position et accompagne les deux pilotes McLaren, Prost et Lauda, le dernier est désormais triple champion du monde.
Le lendemain, pour le plaisir, Senna revient sur le circuit d'Estoril, car Alex Hawkridge lui a fait une demande qu'il ne peut pas refuser : tenter de signer le meilleur chrono possible, en privé, face à des rivaux moins cotés que Prost, Lauda ou Piquet. Il y a là Roberto Moreno, Manfred Winkelhock, Jan Lammers et Ivan Capelli. Un mulet de chez Toleman a été équipé de pneus tendres. Ayrton boucle une douzaine de tours, le meilleur en 1 min 21 sec 70, soit trois millièmes de mieux que la pole position de Nelson Piquet, deux jours plus tôt, dans une Brabham dotée de pneus de qualification. Dans la descente qui précède la ligne droite des stands, un homme observe ces derniers tours de Senna dans une Toleman équipée du moteur turbo qu'il a conçu de A à Z : Brian Hart.

Ci-dessus : en 1984, pas moins de 26 voitures prennent le départ de plusieurs courses. De quoi assurer le spectacle au début de certaines épreuves.

En haut à droite : avec sa Toleman, Ayrton Senna débute en F1 dans l'ombre de Niki Lauda (McLaren) et de l'écurie Brabham encore dirigée par Bernie Ecclestone.

En bas à droite : la Toleman n'était pas toujours très efficace, mais sur certains circuits elle permettait à Ayrton Senna de tirer son épingle du jeu.

parmalat
19

MAGIRUS
19

19
Segafredo

19
Segafredo

En haut à gauche : des problèmes de turbo ou de moteur sur sa Toleman ont souvent empêché Ayrton Senna de montrer tout son potentiel.

En bas à gauche : au total, Ayrton Senna abandonne huit fois lors de ses 14 premiers Grands Prix de F1.

À droite : Ayrton Senna devance Nigel Mansell, alors chez Lotus. Les deux pilotes se retrouveront quelques années plus tard, aux avant-postes, dans des monoplaces bien plus compétitives : une McLaren pour le Brésilien et une Williams pour le Britannique moustachu.

LES STATS DE SENNA 1984

GRAND PRIX	QUALIFICATION	COURSE
BRÉSIL	16E	ABANDON (TURBO)
AFRIQUE DU SUD	13E	6E
BELGIQUE	19E	6E
FRANCE	13E	ABANDON (TURBO)
MONACO	13E	2E
CANADA	9E	7E
DÉTROIT	7E	ABANDON (ACCIDENT)
DALLAS	6E	ABANDON (TRANSMISSION)
GRANDE-BRETAGNE	7E	3E
ALLEMAGNE	9E	ABANDON (ACCIDENT)
AUTRICHE	10E	ABANDON (PRESSION D'HUILE)
PAYS-BAS	13E	ABANDON (MOTEUR)
EUROPE	12E	ABANDON (CARAMBOLAGE)
PORTUGAL	3E	3E

9E DU CHAMPIONNAT DU MONDE

13 POINTS, 3 PODIUMS, 1 MEILLEUR TOUR EN COURSE

8

5

UN SIÈGE CHEZ LOTUS

SENNA CONFIRME

LE PASSAGE DE SENNA CHEZ LOTUS, APRÈS SA SAISON D'APPRENTISSAGE CHEZ TOLEMAN, MARQUE LE DÉBUT D'UN SCÉNARIO DE RÊVE.

Le jeune Brésilien a déjà prouvé toute l'étendue de son talent et l'écurie anglaise, orpheline depuis 1982 de son génial fondateur Colin Chapman, fait toujours partie des écuries de pointe de la F1 des années 1980. Surtout avec, dans le dos des pilotes, des moteurs Renault turbo très performants. Pour ne rien gâcher, la livrée mythique noir et or du cigarettier John Player Special est de retour, comme à l'époque des succès à répétition signés, dans les années 1970, Emerson Fittipaldi – un autre Brésilien –, Ronnie Peterson et Mario Andretti.

La première fois qu'Ayrton monte dans la Lotus 97T à moteur Renault, c'est début février 1985, sur la piste de Rio de Janeiro où va se disputer le GP du Brésil. Bob Dance, alors chef mécanicien chez Lotus, se souvient très bien de ses premiers tours de piste : « Des instruments collés sur le tableau de bord mentionnaient la température et les pressions des pneus pendant le tour. Senna nous a dit : "Il y a une dizaine d'instruments, et je ne me souviendrai pas de tout ce qu'ils indiqueront en un tour. Je vais regarder six instruments. Vous pourrez prendre des notes, puis je pourrai faire un autre tour et vérifier les infos que j'ai ratées." Il communiquait bien également avec le motoriste, qu'il s'agisse de Renault ou de Honda (en 1987). Non seulement il avait un talent naturel, mais il faisait des efforts à 100 % parce qu'il savait que plus il faisait d'efforts, plus les autres en feraient pour le soutenir. »

Toute l'équipe Lotus avait déjà repéré Senna l'année précédente, lors de son « one-man-show » dans les rues de Monaco (2e derrière Prost, course arrêtée à cause de la pluie). Bob Dance s'en souvient aussi : « Il pleuvait et tout le monde avait pensé : Waouh, quelle façon incroyable de piloter. Peter Warr, notre *team manager*, a tout de suite été intéressé par la possibilité de le faire venir dans notre équipe, et les négociations ont commencé. Ayrton était très enthousiaste à l'idée de rejoindre

La Lotus 97T a laissé une jolie trace dans l'histoire de la F1, sous les couleurs d'un célèbre cigarettier. À son volant, le talent de Senna n'est pas passé inaperçu.

Lotus, d'autant que nous pouvions compter sur des moteurs Renault de grande qualité. » Dès le GP du Brésil, Lotus comprend que c'est le bon choix, au bon moment.

Senna part de la 4e place sur la grille, à domicile, après des qualifications où il a découvert sa nouvelle F1. Il abandonne au 48e tour à cause d'un problème électrique, alors qu'il est quasiment assuré d'un nouveau podium – le premier chez Lotus –, derrière Prost et Alboreto, après avoir brièvement occupé la 2e place. S'il est furieux quand il rentre au stand, chez Lotus, tout le monde est rassuré. Le deuxième chapitre d'une saga légendaire peut commencer.

COURSE APRÈS COURSE

1985

GRAND PRIX DU PORTUGAL : LE PAULISTE ÉQUILIBRISTE

Deux semaines après le GP du Brésil, Senna a soif de revanche et vise un bon résultat au Portugal. Il est le meilleur aux essais et en qualifications, sur un tracé qui lui convient à merveille. Il bat même le record du circuit de sept dixièmes, avec un chrono de 1 min 21 sec 007. « Nous avons plus de puissance et tout semble mieux fonctionner. Ce circuit nous convient bien car tout se joue dans les lignes droites », note-t-il lors de son passage devant les journalistes. Calme et détendu, le Brésilien va partir en pole position pour la première fois de sa vie de pilote de F1.

Sur Estoril, la pluie, le froid et le vent se déchaînent. L'ultime séance de *warm-up* est décalée de 30 minutes. L'épreuve est lancée dans un climat dantesque. Dans le stand Lotus, le journaliste de *Sport-Auto* Gérard Crombac, grand ami de la famille Chapman, peut même entendre les dents des ingénieurs claquer. L'homme au casque jaune fait fi de ces conditions. La concentration est maximale, la marge d'erreur minimale. Son rythme fulgurant inquiète. Et les panneaux « Doucement » brandis par l'ingénieur Gérard Ducarouge à chaque tour n'ont aucun effet sur l'intrépide Ayrton. En fin stratège, il rend la vie difficile à ses camarades et n'allume pas son feu rouge à l'arrière. Pas question que les Lauda, Prost et compagnie bénéficient de plus d'adhérence en roulant dans ses roues. À la 67e boucle, les organisateurs en ont assez vu. Ils arrêtent l'épreuve à deux tours de la fin. Senna gagne avec une minute d'avance sur Alboreto, 2e dans sa Ferrari. Tous les autres concurrents sont au moins à un tour…

L'équipe Lotus, Gérard Ducarouge en tête, envahit la piste et saute de joie. Une célébration pas vraiment du goût de la FISA et de son président français, Jean-Marie Balestre, qui interdira bientôt cette pratique, en plus d'imposer une amende de 1 000 dollars à l'équipe anglaise. Mais la première victoire d'une Lotus depuis trois ans vaut largement le règlement de la somme. Sur le podium, lorsque les premières mesures de l'hymne brésilien retentissent, Senna est ému aux larmes. En plus d'un télégramme, il reçoit un appel téléphonique du président du Brésil, José Sarney, qui lui glisse ces quelques mots : « Nous, les Brésiliens, sommes fiers de votre performance. Vous avez réussi à apporter de la joie au pays aujourd'hui. » En deux heures de course, la Formule 1 vient de se trouver un nouveau roi, et le Brésil sa nouvelle idole.

En arrivant chez Lotus, Senna a conscience qu'il gravit une marche de plus vers le sommet de la catégorie reine du sport automobile.

L'AVIS DE CLIVE CHAPMAN (LE FILS DE COLIN, LE FONDATEUR DE LOTUS) SUR AYRTON SENNA

« Ayrton était un pilote très technique et un gagnant. Comme mon père, il savait repérer toutes les opportunités à même de lui procurer le moindre avantage sur ses adversaires. Non seulement Ayrton était à la fois un pilote très technique et un gagnant, mais il avait un mental très fort.

Il y aurait peut-être eu quelques frictions entre eux, mais ils auraient partagé une ambition commune : Ayrton voulait gagner le championnat des pilotes et mon père celui des constructeurs. Ensemble, je pense qu'ils auraient eu beaucoup de succès. »

Ayrton était un pilote très technique et un gagnant.

CLIVE CHAPMAN

Début 1985, une paralysie faciale soudaine inquiète beaucoup Ayrton Senna et ses proches. Plus de peur que de mal pour ce pilote ambitieux… et déjà soucieux de son image.

John Player Special
OLYMPUS
12
elf
GOODYEAR

GRAND PRIX DE MONACO : PAS TRÈS CORRECT...

Quand il arrive à Monaco, après une nouvelle pole position et un stupide abandon sur panne d'essence, à trois tours de la fin du GP de Saint-Marin, à Imola, Senna est remonté comme une pendule. Il signe sa 3e pole position d'affilée mais ses rivaux ne sont pas contents. Alboreto, le pilote Ferrari, et Lauda, le champion du monde en titre, reprochent au Brésilien de les avoir gênés, freinés, ralentis, pendant leur tour le plus rapide. L'Autrichien refuse les excuses d'Ayrton – « C'est facile de faire la pole dans ces conditions », râle le pilote McLaren – et Alboreto le gêne en retour, à la Rascasse, l'envoyant presque dans les rails de sécurité. « Un pilote peut être plus rapide que les autres, mais il doit avoir un comportement sportif », juge l'Italien. Mais, comme le prince Albert et la princesse Stéphanie sont invités dans le stand Ferrari, il renonce à aller invectiver Senna après la qualif. Le dimanche, le Brésilien démarre en pneus froids, à cause d'un court-circuit sur ses couvertures chauffantes, mais il prend quand même la tête de la course et mène jusqu'au 13e tour, quand son moteur Renault rend l'âme. Prost gagne, devant Alboreto et De Angelis, dans l'autre Lotus. Dix-huit ans plus tard, dans une interview, le *team manager* de Lotus, Peter Warr, prendra toute la responsabilité du comportement de Senna pendant cette qualif monégasque. Le pilote n'a fait que suivre ses directives, il expliquera que le Brésilien l'a vraiment regretté, lui annonçant dès sa sortie du cockpit le samedi après-midi : « Peter, je ne veux plus jamais faire ça. Si quelqu'un doit être plus rapide que moi, tant pis ».

À Monaco en 1985, Ayrton Senna signe la troisième pole position de sa carrière. Un problème de moteur l'empêche de finir la course, mais il se consolera les années suivantes en faisant de la Principauté son jardin...

LOTUS 97T

MOTEUR RENAUD V6T - PNEUS GOODYEAR

Une livrée mythique pour un pilote appelé à devenir « Magic ». Le vendredi 8 février 1985 à 17 h 15, Ayrton Senna sort des stands du circuit de Jacarepaguá au volant de la Lotus 97T. Après quelques tours de roue, l'évidence est là : Ayrton Senna a entre les mains une machine capable de montrer tout son potentiel. Pas parce qu'elle est d'une élégance intemporelle, mais parce qu'elle est tout simplement rapide. On doit sa conception à Gérard Ducarouge et à son assistant Martin Ogilvie. Les équipes du regretté Colin Chapman ont travaillé sur cette voiture en même temps que sur la Lotus 96T qui était destinée, à l'origine, au championnat CART américain. Elle ne roulera jamais aux États-Unis, mais l'équipe de Norfolk se servira de ce projet avorté pour installer quelques éléments aérodynamiques sur la F1 de la saison 1985. On peut distinguer sur sa face avant les prémices de déflecteurs latéraux. Ces *bargeboards* – comme les appellent les aérodynamiciens – dirigent le flux d'air autour de la voiture. En conséquence, les performances aérodynamiques sont meilleures et la Lotus bénéficie de plus d'appui. Parfaitement adapté aux talents d'équilibriste d'Ayrton Senna.

Cette 97T est équipée d'un moteur V6 turbo Renault de 1,5 L qui développe 760 chevaux. Dans le cockpit, elle est dotée d'une dizaine d'indicateurs à cristaux liquides, pour connaître en temps réel la température de l'huile, la puissance enclenchée du turbo, mais aussi l'essence embarquée. Un régal pour Senna, féru de données, et pour les techniciens de Renault à la recherche du maximum d'informations précises. Performante et agile, cette monoplace aux couleurs d'un cigarettier cher à Lotus n'est toutefois pas infaillible. Sur toute la saison, Senna abandonnera en course à sept reprises, pour ennui mécanique. Mais elle a surtout permis à l'enfant du quartier de Santana de glaner ses deux premières victoires.

PERSONNAGE-CLÉ

ELIO DE ANGELIS, LE GENTLEMAN COÉQUIPIER

Quand Ayrton Senna arrive chez Lotus en 1985, Elio De Angelis est bien en place, sûr de son talent, et ne se doute pas forcément de ce qui va lui arriver. En F1 depuis 1979, il vient de terminer 3e du Championnat du monde 1984, en montant quatre fois sur le podium derrière les deux intouchables de chez McLaren, Lauda et Prost. Il est très apprécié par Gérard Ducarouge, l'ingénieur en chef de l'écurie anglaise. Il vient de faire cinq saisons chez Lotus, avec en point d'orgue sa victoire de 1982 en Autriche, pour 5 centièmes de seconde, devant la Williams de Keke Rosberg, père de Nico et futur champion du monde.

En 1985, tout change pour De Angelis, à cause surtout du talent de Senna. Le pilote originaire de Rome ne comprend pas mais continue à engranger des points. Il remporte même sa deuxième victoire en F1, sur le circuit d'Imola, à la suite d'un concours de circonstances : pannes d'essence pour Piquet, Senna et Johansson, à trois tours de la fin, puis disqualification de Prost, le poids de sa McLaren n'étant pas conforme. À la fin de la saison, Elio est 5e du Championnat du monde, à cinq points seulement de Senna, mais il a pris conscience que sa position chez Lotus ne changera pas. Il rejoint son compatriote Riccardo Patrese chez Brabham avant de connaître une fin tragique : le 15 mai 1986, lors d'une séance d'essais privés sur le circuit Paul-Ricard, son aileron se détache à l'entrée des S de la Verrerie et la Brabham décolle à plus de 180 km/h. Elio De Angelis ne se relève pas. Il avait 28 ans.

Ayrton Senna exploitait le plein potentiel de sa Lotus 97T grâce à son pilotage rapide et agressif.

elf
John

À gauche : à l'affût de la moindre information, Ayrton Senna passe beaucoup de temps avec son équipe pour améliorer les réglages de sa Lotus, sous l'œil expert de l'ingénieur français Gérard Ducarouge.

En haut : après une saison d'apprentissage chez Toleman, Ayrton Senna prend du galon dans l'écurie fondée par le génial Colin Chapman.

En bas : garçon exigeant, Ayrton Senna sait aussi se montrer rieur et enjoué avec ses mécaniciens quand la pression redescend un peu.

GRAND PRIX DE BELGIQUE : LA CONFIRMATION DE « MAGIC »

Originellement prévu en juin, le GP de Belgique est repoussé au 15 septembre. Il reste alors quatre courses à disputer et Ayrton Senna pointe au 4e rang, juste derrière son coéquipier Elio De Angelis. Le week-end belge démarre de façon compliquée pour le Brésilien. Le matin du vendredi 13 – ça ne s'invente pas – sa boîte de vitesses est bloquée sur le deuxième rapport. Plutôt embêtant sur un tracé de 7 km de long. On change la boîte de la Lotus numéro 12 et elle repart. Manque de chance. De la fumée s'échappe de son moteur : le turbo vient de lâcher. Comme si cela ne suffisait pas, la voiture de réserve (aussi appelée mulet) prend feu dans l'après-midi... deux fois ! « Je n'aurais pas pu vivre de meilleur vendredi 13 », balance le pilote de la monoplace noir et or. Heureusement, le pire est derrière lui. En qualifications, Senna se ressaisit, sa Lotus aussi. La voiture semble équilibrée, fiable et mieux maîtrisée. Bernard Dudot, de chez Renault, se souvient d'une scène de débriefing : « Il m'a décrit pendant trois quarts d'heure un seul tour avec toutes ses impressions et ressentis, toutes les données techniques, le régime moteur, la pression d'huile, etc. Nous avons comparé avec les relevés télémétriques et tout était pareil. C'était incroyable. » Avec des pneus en difficulté, il échoue à 97 millièmes de la pole position, signée par Alain Prost.

La course venue, le pilote au heaume jaune prend un meilleur départ sous la pluie que le Français. Puis, son sens de la course aidant, Senna choisit le moment idéal pour chausser des pneus secs (aussi appelés slicks) et mate la concurrence. C'est tout sauf un hasard : avant la séance de *warm-up* du matin, Ayrton a fait un kilomètre à pied, sur la piste, pour mieux sentir les niveaux d'adhérence sur le tracé. Les petits soucis de moteur dans les lignes droites du merveilleux circuit belge ne l'empêcheront pas de terminer premier devant Nigel Mansell et Prost. C'est son quatrième podium d'affilée et, surtout, sa deuxième victoire en F1, bien méritée.

Le jour où Ayrton Senna est devenu « Magic » : sa toute première victoire en F1, obtenue sous la pluie au GP du Portugal, avec la manière, sur le circuit d'Estoril.

GRAND PRIX D'AUSTRALIE : LA SAMBA DE SENNA

Cette saison 1985 se termine à Adélaïde, en Australie. Sur ce circuit urbain, composé de plusieurs virages tortueux, Senna va encore faire étalage de tout son génie lors des qualifications. Déjà, aux essais, il se montre compétitif sur le nouveau tracé et conclut l'une des séances avec le deuxième chrono, juste derrière Keke Rosberg dans sa Williams. L'écart entre les deux pilotes est d'1 millième seulement. Arrivent les qualifications, et le jeune Brésilien va marquer les esprits en élevant le pilotage d'une F1 au rang d'art. Son chrono de 1 min 19 sec 843 fait de lui le poleman et le seul pilote à passer sous la barre des 1 min 20 sec au tour. Derrière lui, Nigel Mansell, son concurrent le plus proche, est recalé à 6 dixièmes tandis que le troisième, Rosberg, est à 2 secondes !

Lors de son meilleur tour chrono, le Pauliste s'est joué des difficultés du circuit australien. Sa Lotus noir et or semblait danser la samba. Même avec un survirage prononcé, la Lotus 97T restait sur la piste et les quelque 800 chevaux qu'elle développe ont été parfaitement domptés par le pilote. On savait Ayrton Senna spécial. Mais avec son tour qui lui donne la pole position sur ce nouveau circuit, le Brésilien marque un peu plus les esprits. À tel point qu'en conférence de presse, les 200 journalistes présents applaudissent le casse-cou au casque jaune. Qu'ils se rassurent : il en a encore sous le pied…

« Beco » va de nouveau faire son numéro en course. Car même s'il s'agit de l'ultime Grand Prix de Niki Lauda, les spectateurs n'ont d'yeux que pour le pilotage du vainqueur du GP du Portugal. Dépassements audacieux, dont l'un très viril sur Mansell au 1er tour, trajectoires très larges et pilotage à la limite font de lui le chouchou du public. Pendant 62 tours, la prise de risque est maximale. C'en est de trop pour son moteur Renault, qui rend l'âme. La saison de Senna se termine donc comme elle a commencé : sur un abandon. Mais tous les observateurs s'accordent pour dire que le Pauliste de 25 ans est un futur grand champion.

LA FIERTÉ DE BANCO NACIONAL

1985 voit l'arrivée d'un sponsor bien visible sur la combinaison et le casque d'Ayrton Senna : la Banco Nacional. Fin 1984, la banque brésilienne cherche à rajeunir son image et à gagner en popularité. Pour cela, elle s'est déjà associée au journal de TV Globo, *Jornal Nacional*, et aux clubs de football de Fluminense et Vasco de Gama. Mais le bureau de direction souhaite frapper un grand coup. Arrive alors sur la table une proposition de l'entourage d'Ayrton Senna. Au premier abord, le directoire de Nacional est perplexe quant à l'approche plutôt « sommaire » du pilote du pilote. L'entourage de Senna avait fait des petits dessins représentant le logo de la compagnie sur des combinaisons et Banco Nacional n'avait jamais pensé à venir en Formule 1. Puis, l'équipe de Nacional tente une tactique étonnante : elle propose de devenir sponsor exclusif. Osé car, à l'époque, les combinaisons pullulent d'écussons de différentes marques. L'entourage de Senna s'interroge : l'argent de Nacional n'égale pas les liquidités que pourraient apporter différents commanditaires.

Afin de faire pression – et d'obtenir plus d'argent – Armando Botelho, l'un des hommes de confiance de Senna, suppute que la banque rivale Bradesco souhaite aussi s'attacher les services du Brésilien. Nacional sent alors que le deal est en train de lui échapper. Pour gagner plus que prévu, l'entourage du pilote sort de son chapeau une condition supplémentaire : si le Brésilien finit 4e ou mieux en course, il obtient un bonus. Le contrat avec Nacional est alors signé pour un an. Le timing est parfait et le succès immédiat. Dans des spots publicitaires, sur des affiches, la Banco Nacional bénéficie de l'image du sportif et rencontre de plus en plus de succès auprès des Brésiliens. L'alliance Senna-Nacional tiendra jusqu'au décès du pilote. Et, curieusement, l'institution financière ne survivra pas à la perte de son champion. En mauvaise santé économique et épinglée pour une gestion interne contestable, Banco Nacional dépose le bilan en 1995, un an après la mort de son égérie. Les actifs restants sont transférés à la banque Itaú Unibanco et la Banco Nacional disparaît. Pourtant, l'image de Nacional reste associée, pour toujours, à celle du plus mythique des sportifs brésiliens.

Avant de démarrer son moteur, les mécaniciens d'Ayrton Senna attendent un signe de main de leur pilote.

LES STATS DE SENNA 1985

GRAND PRIX	QUALIFICATION	COURSE
BRÉSIL	4E	ABANDON (PROBLÈME ÉLECTRIQUE)
PORTUGAL	POLE POSITION	VICTOIRE
SAINT-MARIN	POLE POSITION	7E (PANNE D'ESSENCE)
MONACO	POLE POSITION	ABANDON (MOTEUR)
CANADA	16E	16E
DÉTROIT	POLE POSITION	ABANDON (ACCIDENT)
FRANCE	2E	ABANDON (MOTEUR)
GRANDE-BRETAGNE	4E	10E (ALIMENTATION D'ESSENCE)
ALLEMAGNE	5E	ABANDON (JOINT)
AUTRICHE	14E	2E
PAYS-BAS	4E	3E
ITALIE	POLE POSITION	3E
BELGIQUE	2E	VICTOIRE
EUROPE	POLE POSITION	2E
AFRIQUE DU SUD	4E	ABANDON (MOTEUR)
AUSTRALIE	POLE POSITION	ABANDON (MOTEUR)

4E DU CHAMPIONNAT DU MONDE
38 POINTS, 2 VICTOIRES, 6 PODIUMS,
7 POLE POSITIONS, 3 MEILLEURS TOURS EN COURSE

8

LE MAÎTRE DU TURBO

DERNIÈRE SAISON AVEC RENAULT

LA SAISON 1986 EST DÉJÀ LA TROISIÈME D'AYRTON SENNA EN F1. C'EST SURTOUT LA DERNIÈRE DU BRÉSILIEN AVEC UN GROS MOTEUR RENAULT TURBO DANS SA LOTUS, ET DONC AVEC LA PUISSANCE HORS NORME DU PROPULSEUR FRANÇAIS, QUI RESTERA DANS LES ANNALES DE LA F1.

Le package idéal pour enfiler les pole positions comme des perles : huit en 16 Grands Prix, ce qui confirme son statut naissant de pilote le plus rapide du monde, déjà.

En course, c'est plus difficile, car il y a encore trop d'abandons (6) et de frustrations, mais les lots de consolation sont équivalents à ceux de la saison précédente : 2 victoires (en Espagne et à Détroit) et surtout une 4e place au Championnat du monde des pilotes de F1 pour la deuxième année consécutive. Ayrton Senna n'a pas encore la meilleure voiture du plateau, loin de là, mais son talent éclabousse la F1 à chaque séance de qualifications et pendant la plupart des Grands Prix qu'il dispute. En témoignent ses 8 podiums en 16 courses. Une fois sur deux, à la fin, il est sur le podium !

En trois saisons chez Lotus, de 1985 à 1987, Ayrton Senna remporte 6 Grands Prix et signe 16 pole positions.

COURSE APRÈS COURSE

1986

GP D'ESPAGNE, JEREZ DE LA FRONTERA : POUR 14 MILLIÈMES DE SECONDE...

En 1986, le Grand Prix d'Espagne fait son retour au calendrier de la Formule 1, après cinq ans d'interruption du son et de l'image. La Formula One Constructors' Association (FOCA) s'était embrouillée avec le Royal Automobile Club d'Espagne, propriétaire du circuit de Jarama, près de Madrid. Depuis, tout s'est arrangé et Bernie Ecclestone a décidé de relancer l'Espagne, avec son gros marché automobile et ses chaînes de télévision très puissantes. La cerise supposée sur le gâteau, pour repartir à zéro, c'est un circuit flambant neuf, construit en neuf mois à Jerez de la Frontera, près de Séville, dans une Andalousie férue de sport. Coût global : dix millions de dollars pour une construction réalisée en neuf mois, avec à la clé un contrat de sept ans entre la FOCA et l'Andalousie.

Ce n'est que la deuxième manche de la saison, après un doublé brésilien… au Brésil, l'aîné Piquet (Williams-Honda) devançant le jeunot Senna (Lotus-Renault). Les qualifications se disputent à 175 km/h de moyenne sur le tourniquet andalou, alors que les ingénieurs avaient prévu 135 km/h. Et comme au Brésil, Senna rafle la pole, devant les deux Williams de Piquet et Mansell. C'est la centième pole du Team Lotus en F1. S'il n'y a que 15 000 spectateurs pour cette première édition à Jerez, ils vont néanmoins assister à une course très animée par Senna, les Williams et les McLaren, mais aussi les Ligier d'Arnoux et Laffite.

La course risque de se jouer sur la consommation d'essence, un domaine dans lequel Senna n'est pas toujours au top en raison de sa technique de pilotage. À la mi-course (36e tour), le Brésilien mène devant Mansell, tandis qu'à moins d'une seconde se trouvent Piquet, Prost, Rosberg et Laffite. Le British à moustache le déborde au 40e tour, à l'extérieur, puis Piquet doit s'arrêter – son moteur Honda est cassé. Prost est troisième. Mansell s'envole, jusqu'à compter 4 secondes d'avance, puis se retrouve avec un pneu arrière abîmé sur un débris. Senna revient alors sur lui. Mais le pilote Williams hésite à changer de pneus, alors qu'ils sont prêts dans son stand. Au 63e tour, il s'arrête enfin et repart avec 20 secondes de retard sur Senna, dont les pneus sont usés jusqu'à la corde. Il ne reste que neuf tours…

Les pneus de Senna et Prost sont morts. Mansell, qui est en pneus neufs, passe le Français à trois tours de la fin et fond sur le Brésilien. Au 72e et dernier tour, les deux hommes sortent de la dernière épingle roue dans roue, Mansell déboîte la Lotus par la gauche, la remonte à l'accélération... mais Senna coupe la ligne d'arrivée avec 14 millièmes de seconde d'avance ! C'est l'arrivée la plus serrée depuis le Grand Prix d'Italie 1971. Mansell est persuadé d'avoir gagné, il rentre au stand trempé, épuisé, puis déçu. « J'espère au moins que j'ai amusé Frank devant sa télévision... », soupire-t-il, faisant allusion à son patron qui est à l'hôpital à cause d'un accident de voiture. Il a changé de pneus trop tard, sinon il aurait gagné. Quant à Senna et Prost, leurs chiffres de consommation d'essence sont radicalement différents : il reste 1,5 litre dans le réservoir de la Lotus et 18 dans celui de la McLaren, dont les recommandations de l'ordinateur de bord ont été beaucoup trop prudentes… Senna est en tête du championnat. Mansell a calculé l'écart à la fin de cette course : 93 cm seulement. « On a sprinté comme sur un 100 mètres aux Jeux olympiques. Si la ligne d'arrivée avait été tracée cinq mètres plus loin, je gagnais ! » Une fois la ligne d'arrivée franchie, les deux hommes se sont insultés jusqu'au podium…

Chaque fois qu'il enfilait son casque jaune, Ayrton Senna se mettait dans une bulle de concentration qui lui permettait de repousser les limites de ses performances.

PERSONNAGE-CLÉ

PETER WARR, LE « *PARTNER IN CRIME* »

Les Anglais parlent volontiers de « *partner in crime* » pour évoquer deux hommes qui s'entendent bien et qui, grâce à leurs intelligences complémentaires, réussissent des gros coups. C'est l'une des images que l'on pourrait associer à la complicité, parfois agitée, de Peter Warr et Ayrton Senna pendant ses années Lotus. Avec six victoires à la clé, les six premières du prodige brésilien en F1.

Fils d'un militaire britannique stationné en Iran, Peter Warr est un très bon pilote, mais pas assez bon, ou riche, pour grimper jusqu'en Formule 1. Son embauche par Colin Chapman, initialement pour gérer les ventes de la marque britannique, est suivie par une promotion méritée en 1966, à 28 ans seulement, comme directeur de Lotus Components. Il devient ensuite, en 1970, le *team manager* de l'écurie, championne cette année-là malgré l'accident fatal de Jochen Rindt à Monza, et encore sacrée en 1972, avec Emerson Fittipaldi au volant. De quoi attirer l'attention du milliardaire canadien Walter Wolf et devenir le *team manager* du Walter Wolf Racing, vainqueur surprise de son tout premier GP de F1, début 1977 en Argentine, grâce à Jody Scheckter.

En 1979, quand la belle aventure Wolf F1 prend fin, Peter Warr part retrouver Emerson et son frère Wilson chez Fittipaldi Automotive, qui devient ensuite Copersucar. Mais les bons résultats sont rares et Peter Warr retourne chez Lotus, juste avant la mort en 1982 de son génial fondateur Colin Chapman. En 1983, l'écurie hérite d'un moteur Renault turbo et, en 1985, le tandem Warr-Senna remporte sa première course ensemble, au Portugal, sur le circuit d'Estoril. Cinq autres victoires mémorables suivent, dont le GP de Monaco 1987 avec un moteur Honda, puis le prodige brésilien, repéré et convoité depuis longtemps par Ron Dennis, part chez McLaren… et Lotus plonge. Malgré tout le talent de Peter Warr.

LOTUS 98T

LA FIN DES MOTEURS TURBO « NO LIMITS » GOODYEAR

La Lotus 98T permet à Ayrton Senna de s'épanouir dans sa passion : les qualifications. Avec cette monoplace, le Brésilien décroche 8 pole positions et autant de podiums en 16 courses de 1986. Cette Lotus est la dernière à porter la livrée noir et or de John Player Special, équipée d'un moteur Renault à deux turbos développant jusqu'à 1 300 chevaux en qualif. Toujours conçue par Gérard Ducarouge et Martin Ogilvie, elle est d'une puissance démoniaque. Du pain béni pour un pilote avide de vitesse comme Senna. Même si dans sa configuration la plus performante possible (on appelle celle-ci « *flat out* » en milieu automobile), le matériel franco-britannique ne peut durer que quelques tours…

Plus basse et plus légère que la voiture de 1985, la Lotus 98T est aussi un peu plus fiable, mais au détriment de la vitesse en course. Certes, Ayrton ne montera que deux fois sur la première marche du podium (Espagne, États-Unis) avec cette version, mais il subit deux fois moins d'abandons et peut viser la couronne mondiale jusqu'aux dernières courses. Malgré un gros défaut dans la cuirasse : le moteur Renault est très gourmand en essence, sans compter le pilotage spécial et peu économe du pilote brésilien. Et le mini-ordinateur intégré, indiquant la consommation en temps réel, ne peut pas y changer grand-chose.

Face au très costaud moteur Honda qui équipe les Williams et au TAG-Porsche utilisé chez McLaren, la Lotus 98T et ses 900 chevaux en course ne peuvent lutter. Pourtant, cette voiture est passée à la postérité. Les rares exemplaires produits sont soigneusement choyés par leurs propriétaires, dont Zak Brown, le directeur général de McLaren. Et pour cause. En 1987, la Fédération internationale du sport automobile (FISA) choisit de réduire la pression d'alimentation des turbos pour limiter leur efficacité. Deux ans plus tard, cette même FISA bannit complètement les moteurs turbo, et renvoit dans les livres d'histoire la fabuleuse épopée de la Lotus 98T.

En 1986, la Lotus 98T marque la fin de l'ère des monoplaces équipées de moteurs aux turbos surpuissants.

PATRICK TAMBAY

Patrick Tambay était encore en F1 lors des trois premières saisons d'Ayrton Senna dans cette catégorie, de 1984 à 1986. Après un GP d'Autriche, Tambay a fait du ski nautique avec le Brésilien, provoquant son énervement en raison de ses talents de skieur. Le Français, ancien membre de l'équipe de France juniors en sports d'hiver, est en effet très doué pour ce sport.

« Ayrton avait un énorme ego bien sûr, ce qui lui permettait de se croire supérieur à tout le monde. Cette croyance est indispensable pour monter aussi haut en compétition. On s'est rendus au GP d'Autriche, c'était le jeudi après-midi en fin de journée. On n'avait plus rien à faire au circuit, et Ayrton nous a proposé de le suivre : "Venez faire un peu de ski nautique, je vais vous montrer." Une fois arrivés au plan d'eau, Ayrton commence : il fait un peu de slalom, passe quelques bouées à gauche, à droite, et se retrouve dans l'eau. Il y avait du monde sur le bateau. Je suis parti debout du ponton, je suis rentré dans le slalom et j'ai fait des virages. Ça ne lui a pas plu du tout. Il s'est retourné, il est parti devant et n'a plus jamais regardé derrière. Il ne m'a rien dit. Il avait trouvé quelqu'un qui avait plus d'ego que lui, peut-être. Même si le ski nautique, ce n'était pas la Formule 1 (sourire). »

GRAND PRIX DE BELGIQUE

Au GP de Belgique, l'atmosphère est lourde dans le paddock. La mort récente d'Elio De Angelis lors d'essais privés au Paul-Ricard est dans tous les esprits. Y compris celui d'Ayrton Senna, son ancien coéquipier : « Dans un moment comme celui-ci, les petits problèmes personnels que nous avons eus chez Lotus disparaissent », lance-t-il aux médias de sa nation. Sanglé dans son habitacle, le garçon n'est pas satisfait de sa voiture lors des premiers essais. Le couple insuffisant du moteur Renault est en cause, tout comme son châssis qu'il a du mal à régler. Une suspension avant récalcitrante ajoute une contrainte de plus au pilote de la Lotus numéro 12. Mais pour certains experts de la presse brésilienne, cela fait beaucoup (trop) d'excuses. Celso Iteberê, dans *O Globo*, ose alors écrire : « Les éternelles plaintes du pilote brésilien à l'égard de sa voiture et de son équipe ne sont rien d'autre qu'une tactique pour justifier d'éventuels échecs et valoriser des résultats positifs. »

Senna signe le 4e chrono des qualifs, bien loin de ses espérances. Et comme si cela ne suffisait pas, Nelson Piquet, son grand rival de Rio, partira en pole position. Sauf qu'entre le samedi et la course, il y a un monde… Le départ lancé, Senna déborde Berger et Prost sur la gauche, dès l'épingle de la Source. Il se met en chasse derrière Piquet, mais est rattrapé par la deuxième Williams, celle de Mansell. L'Anglais le dépasse à la 3e boucle, mais part en tête-à-queue deux tours plus tard. Senna reprend donc sa place. Au 17e tour, Piquet abandonne (moteur), laissant la première place à Senna. Puis un cafouillage dans son stand permet à Mansell de le dépasser à nouveau. Gêné par une consommation d'essence excessive et un moteur Renault légèrement moins puissant, Ayrton se rend à l'évidence : la Williams de l'Anglais est trop forte pour lui aujourd'hui. Il ralentit alors son rythme. Signe qu'il a peut-être grandi ? A-t-il enfin compris qu'il ne fallait pas toujours vouloir la victoire à tout prix ? Possible. Sa récompense est là : il reprend la tête du Championnat du monde, devant Prost.

LE STYLE DE PILOTAGE DE SENNA

Voici une question que bon nombre d'observateurs – équipiers comme rivaux, ingénieurs et mécanos – se sont posée : mais enfin, qu'est-se qui rend Ayrton Senna si spécial ? Un début de réponse se trouve dans son style de pilotage très particulier. On a souvent comparé la conduite de Senna à la façon d'un Brésilien de danser la samba. Car, oui, Senna incarnait la belle époque d'une conduite où la glisse était de mise. Une façon de piloter virulente, agressive, qui lui permettait de gagner quelques millièmes pour décrocher une pole position. Pour la décrypter, il fallait tendre l'oreille.

Généralement, en Formule 1, l'attaque d'un virage se décompose en trois actes. D'abord, le pilote freine. Puis, il tourne son volant pour amorcer la courbe. Enfin, en sortie, il réaccélère graduellement. Cette méthode est appelée simplement *Brake-Steer-Throttle*. Mais, au milieu des années 1980, c'est l'époque des moteurs turbocompressés. Et « jouer » avec le turbo peut s'avérer bénéfique. Ayrton Senna le comprend très vite. Lorsqu'il freine dans un virage et qu'il réaccélère progressivement, le pilote Lotus remarque un léger ralentissement de son moteur. C'est normal. Pendant le laps de temps où Senna n'appuie pas sur la pédale d'accélération, le turbo s'arrête de fonctionner. En conséquence, il a moins d'adhérence, moins de puissance et donc moins de vitesse. Adapter son pilotage devient donc une nécessité.

Ayrton Senna a alors une idée. Dans les virages, le Brésilien ne se contente pas de tourner pour mettre les gaz ensuite. Il tourne puis tapote de manière agressive et répétée sa pédale d'accélérateur, et ce en plein virage. Ainsi, le turbo continue d'être irrigué et fonctionne toujours au régime maximum, en plus d'apporter à son auto plus de *grip*. Pour les oreilles et le chrono, c'est un régal. Mais pour sa consommation de carburant, cela peut s'avérer fatal. Sa voiture use plus de carburant que ses concurrents, à la conduite plus classique. Ce qui explique – du moins partiellement – certaines pannes d'essence survenues dans la carrière du jeune Brésilien…

Troisième sur la grille du GP d'Angleterre 1986, Senna est trahi par sa boîte de vitesses au 27e tour. La course est remportée par Nigel Mansell (au premier plan).

Canon
olivetti
Mobil
5
HONDA
20

PERSONNAGE-CLÉ

BERNARD DUDOT, LE MOTORISTE EXTRAORDINAIRE

Dans le passage éphémère mais crucial d'Ayrton Senna chez Lotus, un autre personnage-clé se détache : l'ingénieur français Bernard Dudot, père de tous les moteurs F1 de la marque au losange depuis le tout premier en 1977. En tant que directeur technique de Renault Sport, Bernard Dudot a fourni pendant deux saisons complètes (1985 et 1986) des moteurs hors norme – et ses conseils avisés – à l'écurie anglaise et sa jeune vedette brésilienne. Celle-ci a souvent brillé en qualifications, grâce à la puissance délirante de son moteur français. Mais cette réussite est aussi due à l'exigence implacable du pilote au casque jaune. En 1986, au Grand Prix du Portugal, l'ingénieur et ses collègues de chez Renault en font l'amère expérience. « Nous venions de développer un nouveau turbo qui soufflait encore plus fort. Il était arrivé le vendredi dans la valise d'un de nos ingénieurs, Philippe Coblence, et il a été installé dans la voiture d'Ayrton le samedi, pour les qualifications. » Senna n'est pas alerté de ce changement. En roi de la pole qu'il est, il s'adjuge le 1er temps… mais sort de la voiture dans une colère noire. Lors de son *run*, il a « ressenti » le nouveau turbo. Dudot assiste à la colère du Pauliste : « Je l'entends encore : "Mais si seulement vous m'aviez dit que vous l'aviez mis, j'aurais piloté différemment et je serais allé encore plus vite !" Ça, c'était Ayrton. Il avait envers lui-même un très haut niveau d'exigence et il attendait que nous ayons le même pour lui. »

GP DES ÉTATS-UNIS, DÉTROIT : POUR L'HONNEUR DE LA SELEÇÃO…

En arrivant aux États-Unis sur un circuit qu'ils n'aiment pas du tout, les pilotes sont furieux de savoir qu'ils doivent verser 30 % de leurs gains au fisc américain, avec en prime un arriéré remontant à 1982. Bernie Ecclestone se charge des négociations avec les autorités américaines pour éviter une annulation, puis il verse 600 000 dollars pour solde de tout compte. L'état de la piste est déplorable mais l'événement est profitable, donc il aura lieu, sur fond de discussions tendues au sujet de la future réglementation technique, à partir de 1989. Les turbos seront-ils bannis, ou bridés ? *Wait and see…*

C'est la quatrième pole position de l'année pour Senna après Jacarepaguá, Jerez et Imola, obtenue une fois de plus aux dépens des Williams de Mansell – pour une demi-seconde – et Piquet, devant les Ligier d'Arnoux (4e) et Laffite (6e). Mais le Brésilien ne vient pas en conférence de presse… et laisse une attachée de presse apporter un magnétophone sur lequel il a enregistré ses impressions. Il est déjà de retour dans sa chambre d'hôtel pour regarder le quart de finale de la Coupe du monde 1986 entre la France et le Brésil, au Mexique. Au même moment, Prost, Laffite et Arnoux sont aussi devant leur télé, pour encourager les Bleus de Michel Platini. Ils gagnent aux tirs au but, la Seleção est éliminée, Senna reste à l'hôtel.
Le lendemain, tout le monde choisit des pneus tendres au départ, sauf les pilotes Lotus et Keke Rosberg. Dès le 2e tour, Mansell passe en tête car Senna a raté un passage de rapport, ce qui ne lui arrive pas souvent. Il le redouble au 8e tour, car le British a des problèmes de freins arrière sur sa Williams. Au 14e tour, victime d'une crevaison lente à l'arrière, le Brésilien doit repasser par son stand et en ressort 8e. Les deux Ligier « made in France » sont en tête, devant Piquet et Senna, plus loin. Le cauchemar de France-Brésil semble recommencer… sauf que les pneus des Ligier se dégradent. Les deux Brésiliens se retrouvent devant, en train de lutter pour la victoire. Un changement de pneus raté, pour Piquet, donne la première place à Senna. Puis Piquet, à l'attaque, touche un vibreur au 42e tour et fracasse sa Williams contre le mur, dans une position très dangereuse. Cinq tours plus tard, les drapeaux jaunes ne sont plus agités mais la Williams est toujours au même endroit. Arnoux, qui chassait Senna, touche la voiture arrêtée de Piquet, puis il s'arrête. Les dégâts ne sont pas si importants et le Français pense pouvoir continuer. C'est alors qu'il remet la première vitesse. Mais juste derrière lui, Thierry Boutsen, pilote retardataire déboule. Arnoux ne le voit pas et les deux pilotes s'accrochent. Senna est tranquille et file vers la victoire, sa quatrième en F1, sa deuxième de l'année. Il n'y en aura pas d'autre en 1986.

Pendant son tour d'honneur, Ayrton se saisit d'un drapeau brésilien brandi par un fan, avec l'aide d'un commissaire qui ne comprend rien à sa demande, et rend ainsi hommage à la Seleção battue la veille par les Bleus. Il révèle également qu'il a lui aussi failli percuter la Williams de Piquet, abandonnée en pleine trajectoire : « Ce qui est arrivé est scandaleux, criminel. On ne laisse jamais une F1 abandonnée sur la trajectoire. C'était un danger colossal... » Il repasse en tête du Championnat du monde, avec trois points d'avance sur Prost. C'est purement symbolique, mais la Seleção est vengée !

En 1986, Ayrton Senna décroche 8 nouvelles pole positions, confirmant son statut de maître indiscutable de l'exercice très spécial des qualifications.

LES STATS DE SENNA 1986

GRAND PRIX	QUALIFICATION	COURSE
BRÉSIL	POLE POSITION	2E
ESPAGNE	POLE POSITION	VICTOIRE
SAINT-MARIN	POLE POSITION	ABANDON (ROULEMENT DE ROUE)
MONACO	3E	3E
BELGIQUE	4E	2E
CANADA	2E	5E
DÉTROIT	POLE POSITION	VICTOIRE
FRANCE	POLE POSITION	ABANDON (ACCIDENT)
GRANDE-BRETAGNE	3E	ABANDON (BOÎTE DE VITESSES)
ALLEMAGNE	3E	2E
HONGRIE	POLE POSITION	2E
AUTRICHE	8E	ABANDON (MOTEUR)
ITALIE	5E	ABANDON (TRANSMISSION)
PORTUGAL	POLE POSITION	4E
MEXIQUE	POLE POSITION	3E
AUSTRALIE	3E	ABANDON (MOTEUR)

4E DU CHAMPIONNAT DU MONDE

55 POINTS, 2 VICTOIRES, 8 PODIUMS, 8 POLE POSITIONS

8

L'ÉLOGE DE LA CONSTANCE

DERNIER ACTE CHEZ LOTUS, PREMIER ACTE AVEC HONDA

ÉQUIPÉ D'UN MOTEUR HONDA SUR SA LOTUS, MOINS PUISSANT QUE LE RENAULT DES DEUX SAISONS PRÉCÉDENTES, SENNA DOIT COMPOSER, ET SURTOUT NE PAS SE PLAINDRE, CAR IL SAIT QU'IL VA RETROUVER LES JAPONAIS CHEZ MCLAREN L'ANNÉE SUIVANTE.

Ce n'est pas encore signé, mais c'est déjà acté – du moins au Japon, dans les hautes sphères du constructeur nippon. Ayrton ne signe qu'une seule pole position, à Imola en début de saison, mais l'essentiel est qu'il monte huit fois sur la boîte en 16 courses, comme en 1986, avec comme récompense une place sur le podium final du Championnat du monde : 3e, derrière les deux pilotes Williams-Honda, Nelson Piquet et Nigel Mansell. À quatre points seulement du Britannique, qui a gagné deux fois plus souvent que son coéquipier – 6 victoires à 3 – mais a dû s'incliner à la fin. Et, comme à son habitude chez Lotus, Senna a encore gagné deux fois : à Monaco, pour son 50e GP de F1, puis juste après, à Détroit, comme l'année précédente. Soit deux circuits en ville, très différents l'un de l'autre, où son pilotage de bagarreur des rues s'est ajouté aux qualités de sa suspension active, la première de l'histoire de la F1.

En 1987, pour des raisons internes de sponsoring, Lotus troque sa mythique livrée noir et or John Player Special pour celle toute jaune d'un autre cigarettier, Camel. Ici sur la dernière Lotus pilotée par Ayrton Senna en F1.

CAMEL
CAMEL
HONDA
NACIONAL
GOODYEAR
DeLonghi
GOODYEAR
DeLonghi
CAMEL
elf
HONDA
12
12

COURSE APRÈS COURSE

1987

GRAND PRIX DE MONACO : LA 50E VICTORIEUSE !

Dès l'arrivée dans la Principauté, le duel entre les deux Brésiliens se profile. Le plus âgé, Piquet, souffre encore de son accident d'Imola et dort mal. En plus, il n'aime pas les circuits en ville. Le plus jeune, Senna, vient de s'installer à Monaco, où il n'a encore jamais gagné (2e en 1984, 3e en 1986). Il s'entend très bien avec ses ingénieurs japonais, qui adorent travailler sur la quantité de données techniques, ultraprécises, produites en temps réel par le cerveau du pilote Lotus. Sa sensibilité est extrême et sa mémoire ahurissante, ce qui lui permet d'être aussi efficace, dans certains cas, que la télémétrie de l'époque.

Cette qualité est bien utile pour mettre au point la suspension active de la Lotus 99T, dont les réglages doivent être redéfinis à chaque course. C'est une surcharge de travail énorme pour les ingénieurs du Team Lotus et leur grand manitou, Gérard Ducarouge. L'équipe de Norfolk a une longueur d'avance dans ce domaine par rapport à Williams et McLaren, mais le reste du développement est un peu ralenti par les efforts déployés sur la suspension active. Cette dernière offre un certain confort de pilotage à Ayrton mais lui enlève quelques sensations. Cela ne l'empêche pas de signer le 2e chrono des qualifications, intercalé entre les deux Williams. Mansell est déchaîné et colle 7 dixièmes de seconde au jeune Brésilien, et deux fois plus à son coéquipier : Piquet est 3e des qualifs, à une seconde et demie de Nigel. Un gouffre. Juste avant le départ, le président de la FISA, Jean-Marie Balestre, convoque Mansell et Senna suite à leur dispute à Spa-Francorchamps. Senna accepte de serrer la main du Britannique. Comme on pouvait s'y attendre, Mansell part en tête et se détache. Il compte 10 secondes d'avance sur Senna quand, au 30e tour, son turbo lâche brutalement, l'obligeant à abandonner. Le Brésilien passe en tête : plus personne ne le reverra jusqu'au podium princier. Il s'est juste fait une petite frayeur, au 65e tour, quand il a raté une vitesse dans le S de la Piscine et frôlé les rails de très près. Il a rattrapé sa Lotus, facilement, et termine avec 40 secondes d'avance sur un Piquet résigné. Le podium est complété par un pilote Ferrari, Michele Alboreto, victime d'un très gros accident aux essais du vendredi. Le moteur de Prost a explosé à deux tours de l'arrivée, alors qu'il était 3e à une minute de Senna.

Sur le podium, Ayrton ravi est rejoint par Peter Warr et quelques mécaniciens. Il ne connaît pas le protocole spécial de Monaco, donc il asperge tout le monde avec sa bouteille de Moët & Chandon, y compris Son Altesse Sérénissime le prince Rainier III et toute la famille princière. Puis il raconte sa course : « Voiture extra, moteur extra, suspension extra ! En début de course, j'ai maintenu un rythme presque tranquille, en laissant partir Mansell pour préserver mes pneus et mes freins. Quand j'ai pris la tête, j'ai bouclé trois ou quatre tours à fond pour voir si tout fonctionnait parfaitement et garder ma concentration intacte. Puis j'ai relâché à nouveau car plus rien ne pouvait m'inquiéter. » Lotus n'avait plus gagné en Principauté depuis Ronnie Peterson en 1974. C'est la première victoire d'une F1 à suspension active. Après le gala princier, où il salue la chanteuse Jeane Manson, Ayrton rejoint son équipe au *Tip Top*, un bar branché, mais il n'y reste qu'une heure. Le lundi, c'est débriefing avec « Ducared » (Gérard Ducarouge). Et le week-end suivant, il est au Brésil pour se reposer… et lancer sa marque de vêtements dans une boîte de nuit de Rio de Janeiro. La marque Senna va commencer à se voir…

BOB DANCE

« En 1987, nous avons changé notre moteur Renault pour un Honda. Ayrton s'entendait bien avec tout le monde dans l'écurie, il était très motivant. Nous étions dans un vieux manoir de campagne et nous étions installés, pour travailler, dans une sorte d'écurie. Cette année-là, notre avantage reposait sur une connaissance avancée de la suspension active. Ayrton pensait que cette avancée technique lui permettrait de battre ses adversaires. Il faisait tout ce qui était nécessaire lors des tests et travaillait beaucoup avec les personnes impliquées dans cette innovation. Je pense que sans cela, lors de sa troisième saison avec nous, il ne serait pas resté. Il aurait rejoint McLaren, qui essayait de nous le prendre. Sur les circuits en ville, comme Monte-Carlo et Détroit, c'était un avantage. Mais nous avons dû faire beaucoup de tests et nous souffrions d'un certain manque de fiabilité. Et puis, nous ne pouvions pas retenir plus longtemps un homme aussi talentueux. »

La suspension active a incité Ayrton à rester chez Lotus…

BOB DANCE

Ci-dessous : au GP de Monaco 1987, Ayrton Senna signe son premier succès dans les rues de la Principauté. Par la suite, il remportera encore cinq fois le Grand Prix le plus « glamour » du calendrier F1.

Double page suivante : la livrée jaune vif de la Lotus 99T incite Ayrton Senna à changer la teinte de son casque, pour être totalement raccord. Le souci du détail…

HONDA ET SENNA : UN MARIAGE TANT ATTENDU

En 1987, Ayrton Senna peut enfin profiter des moteurs Honda. Un soulagement pour le garçon qui souhaitait avoir le meilleur matériel à sa disposition. Et une preuve de plus de son engagement dans sa tâche de pilote à l'intérieur et à l'extérieur du cockpit. Senna peut maintenant compter sur huit ingénieurs nippons qui vérifient chaque kilomètre effectué par leur moteur et produisent des rapports fourmillant de détails. Parfois, plusieurs membres de chez Honda font un vol Tokyo-Londres et, une fois posés, roulent en direction de l'écurie pour un briefing technique de plusieurs heures… sans prendre le temps de faire leur toilette, indice de leur dévouement. Une caractéristique que Senna apprécie particulièrement. Le pilotage d'Ayrton s'affine. Sa sensibilité mécanique, déjà exceptionnelle, se perfectionne. La preuve : lors d'un rendez-vous avec Honda, il demande à ce qu'une lumière s'allume sur son volant toutes les 50 rotations par minute de son moteur, à la place des 200 rotations prévues initialement. Interloqués, les Japonais sont dubitatifs quant à la possible perception de ce paramètre par le Brésilien. La réponse claque sèchement : « Je peux le sentir. »

Exemple de ce talent : au cours d'une séance d'essai, Senna rentre inexplicablement au stand alors qu'il n'a effectué que quelques tours. Casque sur la tête, il donne l'explication suivante, sûr de lui : « Le moteur allait casser. Je me suis arrêté pour que vous puissiez d'abord identifier le problème. » Yoshitoshi Sakurai, le directeur général de Honda F1, est circonspect. Les ingénieurs regardent le moteur. Rien. Aucune fumée, ni aucun souci en surface. La « machine » Senna aurait-elle fait de l'intox ? Pour en être sûr, on envoie le Honda RA166E à la base anglaise du constructeur nippon. On désosse l'engin. Chacune des pièces est démontée puis vérifiée à la main. Et, surprise : on observe sur le vilebrequin une légère marque d'usure. Un détail aux grandes conséquences, qui aurait pu faire exploser le moteur moins d'un kilomètre plus tard. « Magic » avait vu juste.

CAMEL
12
elf
HONDA
12

SENNA CONTRE PIQUET

De 1984 à 1991, quand Piquet et Senna ont disputé les mêmes compétitions de F1, chacun a connu des hauts et des bas. Mais Ayrton, arrivé en F1 alors que Nelson avait déjà glané deux couronnes mondiales (en 1981 et 1983), a eu plus de hauts pendant cette période que son aîné de huit ans, de moins en moins motivé. Le bilan est très favorable à Senna.

1984-1991	VICTOIRES	PODIUMS	POLE POSITIONS	MEILLEURS TOURS	TITRES
SENNA	33	66	60	17	3 (1988, 1990, 1991)
PIQUET	13	37	16	14	1 (1987)

PERSONNAGE-CLÉ

NELSON PIQUET, LE RIVAL JALOUX

Dans la longue histoire de la F1 des cinquante dernières années, deux trajectoires brésiliennes se croisent : Nelson Piquet, le plus ancien – l'homme de Rio de Janeiro –, est en fin de parcours quand l'étoile d'Ayrton Senna, le plus jeune – natif de Sao Paulo –, monte au firmament du sport automobile. Au final, le bilan est équilibré : trois titres mondiaux chacun, mais dans des conditions bien différentes, et en laissant des traces bien différentes…

Né en 1952, fils d'un homme politique, Nelson Piquet doit attendre 1978 pour débuter en F1 et 1980 pour remporter son premier Grand Prix, à Long Beach. Il bénéficie surtout des compétences de deux génies – Bernie Ecclestone pour les affaires et Gordon Murray pour le design –, et pilote longtemps pour Brabham. Sa particularité est qu'il remporte ses trois titres de Champion du Monde en obtenant – à chaque fois – trois victoires dans la saison. Il remporte ainsi deux titres mondiaux en 1981 et 1983, avec des marges infimes : un point d'avance sur Carlos Reutemann (Williams) d'abord, puis deux points d'avance, deux ans plus tard, sur le jeune Alain Prost (Renault). Régulier, il glanera le troisième en 1987 aux dépens de Nigel Mansell, son coéquipier chez Williams, malgré les six victoires du natif de Worcestershire.

Le passage de témoin a lieu cette année-là, quand Ayrton Senna, fin 1987, quitte Lotus pour rejoindre McLaren et est remplacé dans l'écurie de Colin Chapman par… Nelson Piquet qui, en deux saisons, ne réussira jamais à gagner dans une Lotus, avant de terminer en roue libre chez Benetton, par trois victoires au total en 1990 et 1991. Pendant toutes ces années où les deux Brésiliens se sont côtoyés dans le paddock, l'aîné a d'abord fait de l'humour, plus ou moins déplacé, à l'encontre de son jeune compatriote, puis il a eu l'air carrément aigri, confronté chaque week-end à l'adoration absolue suscitée par Senna chez les fans brésiliens de F1. Piquet était respecté et acclamé par les Brésiliens lorsqu'il gagnait des courses, bien sûr, mais il n'a jamais été vénéré comme Senna.

La rivalité entre Piquet et Senna était exacerbée, surtout au Brésil. Certains racontent même qu'ils se détestaient et échangeaient des insultes. Encore aujourd'hui au Brésil, les fans de Piquet sont convaincus qu'il était meilleur que Senna, mais Senna était plus populaire parce qu'il était aussi le « Globo Boy ». La chaîne de télévision brésilienne, en charge de la diffusion officielle de la F1 dans le pays, l'a suivi de très près pendant toute sa carrière, cinquante ans ou presque avant l'avènement de Netflix. Globo a toujours fait le maximum pour que Senna reste dans l'actualité. Mais outre ce côté médiatique, Senna s'est fait remarquer pour les démonstrations d'amour envers son pays. Fier de la bannière auriverde, il l'emmenait souvent avec lui sur le podium, et a rendu des millions de Brésiliens (et de Brésiliennes) amoureux de lui. Chose que Piquet aura en travers de la gorge à plusieurs reprises.

LOTUS 99T

SAYONARA RENAULT ET *KONICHIWA* HONDA

La Lotus 99T restera dans l'histoire comme la dernière voiture de l'écurie de Norfolk pilotée par Ayrton Senna. Et la première de ses nombreuses F1 à être motorisée par Honda. Un engin qu'il désirait depuis longtemps. Le moteur V6 Honda RA166E qui équipe cette Lotus 99T est bien plus volumineux que les Renault de Viry-Châtillon. En conséquence, Japonais et Anglo-Saxons travaillent de concert pour que le tout prenne forme. Malgré tout, le châssis n'est pas des plus esthétiques et pèche par son aérodynamisme défaillant. Sans compter que le mythique sponsor JPS a laissé toute la place à Camel et son jaune criard. Dommage pour les puristes.

En secret, on travaille d'arrache-pied pour fournir au duo de pilotes Senna-Nakajima une innovation attendue comme une révolution : une suspension active, la première de son genre. Une façon de retenir Senna un an de plus. Ayrton pensait : "Si nous avions une suspension active, nous pourrions probablement battre nos adversaires." Bob Dance admet rétrospectivement que sans la suspension active, Ayrton Senna n'aurait pas terminé sa troisième saison chez Lotus, et aurait rejoint l'équipe de McLaren. Colin Chapman avait posé les bases de cette technologie dans les années 1980, sans toutefois avoir le temps – et les moyens techniques – de la développer.

Dans les faits, le fonctionnement de la suspension active est simple : un ordinateur embarqué analyse les variations de la piste. Puis celui-ci transmet cette information aux quatre suspensions, qui s'adaptent. De quoi faire profiter les pilotes d'un confort et d'un équilibre jamais ressentis auparavant. Sauf qu'en 1987, on est encore loin du tout informatique en F1, et à des années-lumière de la technologie dont Williams-Renault bénéficiera en 1992. Et l'erreur est plus que probable, souvent. La suspension active se révèle très sensible, peu fiable, et devient plus un inconvénient qu'un avantage. Elle contribue tout de même aux deux succès d'Ayrton Senna à Monaco et Détroit, mais n'empêche pas l'envol, fin 1987, du petit prince de la F1 vers les cieux de McLaren.

PERSONNAGE-CLÉ

SATORU NAKAJIMA, LE COÉQUIPIER MODÈLE

Coéquipier d'Ayrton Senna chez Lotus en 1987 à la demande de Honda, Satoru Nakajima restera dans l'histoire comme le premier pilote japonais à courir en F1 de façon régulière. Après une maturation lente, marquée par cinq titres de champion du Japon en F2 et en F3000, il est prêt pour la F1. Recruté comme deuxième pilote chez Lotus, il marque sept points lors de sa première saison (4e en Grande-Bretagne). Après un passage chez Tyrrell où il apporte avec lui le moteur Honda, Satoru se reconvertit dans la publicité et prend la direction d'une écurie de Formula Nippon qui remporte quatre titres entre 1999 et 2009.

Une anecdote résume parfaitement la relation entre Ayrton et Satoru, cette année-là : quand le Japonais arrive pour la première fois au GP de Monaco, le Brésilien prend soin de lui confectionner un bandage pour les mains, tout en l'avertissant que piloter dans les rues de la Principauté sera très éprouvant. Il joue le rôle de grand frère à la perfection, donnant tous les conseils nécessaires à son coéquipier, plus âgé que lui de… sept ans ! À la fin des qualifications, quand Satoru compare son chrono à celui d'Ayrton (1 min 28 sec 890 contre 1 min 23 sec 711, soit 5 secondes d'écart), il résume sobrement et modestement la situation, à la japonaise : « C'est quelque chose que je ne serai jamais capable de faire. »

La Lotus 99T, motorisée par Honda, inaugure pour Ayrton Senna le pilotage d'une monoplace propulsée par le constructeur nippon. Une première fois, et sûrement pas une dernière…

GRAND PRIX D'ALLEMAGNE : SENNA FREINE, PIQUET GAGNE

Auréolé du statut de sportif le plus populaire du Brésil selon un sondage local, Senna aborde avec confiance le GP d'Allemagne. Pourtant, quelques jours auparavant, il s'est fait peur sur le circuit allemand. Une crevaison soudaine, heureusement sans gravité, lui a fait perdre le contrôle de sa voiture sur 400 mètres. Mais il est passé à autre chose. Son objectif : progresser avec sa Lotus et pourquoi pas gagner à nouveau, comme à Monaco et à Détroit. Dès les essais, il se chauffe avec Piquet. Il dépasse son compatriote en montrant les muscles, Nelson est furieux et la presse s'enflamme. Les qualifications tournent à l'avantage de Senna, encore 2e derrière Mansell et donc devant Piquet. Gonflé à bloc, le Pauliste parle aux médias de son ambition dévorante : « Je pense que tôt ou tard mon travail sera couronné par un titre. La F1 demande des sacrifices et seulement ceux qui s'y dédient religieusement auront du succès. » Une déclaration prophétique… et une petite pique adressée à Piquet, le flambeur de Rio, 4e sur la grille avec la meilleure voiture du plateau.

Senna prend le départ avec un mulet dont la suspension lâche, l'aileron s'est affaissé et les freins ne répondent plus très bien, avec en prime une petite fuite d'huile. Au 38e tour, Peter Warr demande à Senna d'abandonner, mais ce dernier refuse, s'arrête trois fois au stand et termine 3e, derrière Piquet et Stefan Johansson (Ferrari). En sortant de sa monoplace, il demande à ses mécaniciens de regarder la pédale de frein : « Vous feriez mieux de jeter un œil à la pédale de frein, car elle s'est éloignée de plus en plus au cours des derniers tours. » Les lampes de poche sont dégainées : la pédale de frein est tellement enfoncée, à cause de la pression exercée par Senna, qu'un petit trou s'y est formé. Les pieds d'Ayrton n'étaient donc qu'à quelques millimètres de l'asphalte brûlant. Très en colère, Ayrton demande une réunion d'urgence à Gérard Ducarouge, pour parler de la fiabilité de sa Lotus. Ron Dennis saute sur l'occasion et commence à avancer ses pions pour 1988…

elf
GOODYEAR
MICROMAX
POWERED by
HONDA
CAMEL
DēLonghi
12
GOODYEAR 12

DANS LES COULISSES

LA LETTRE DE DUCAROUGE

Avant le GP du Japon – l'avant-dernier de Senna chez Lotus –, son ingénieur en chef Gérard Ducarouge lui écrit une longue lettre d'adieu. Ce que Ducarouge n'avait pas prévu, c'est qu'Ayrton lirait la lettre avant d'arriver sur le circuit pour les premiers essais. Dès son arrivée dans le stand, Gérard comprend, en voyant Ayrton dans le cockpit, qu'il a déjà lu la lettre. Senna a les larmes aux yeux et Gérard est bouleversé lui aussi. Il regrette aussitôt d'être à l'origine d'un choc émotionnel pour son pilote, qui s'apprête à entrer en piste et prendre des risques à 300 km/h, sur l'un des circuits les plus exigeants du calendrier.

Dans cette lettre, Ducarouge – l'un des plus célèbres ingénieurs de la F1 de cette époque –, explique qu'il a décidé de ne pas faire d'adieux formels à son pilote fétiche parce qu'il ne se sent pas capable de parler en le regardant dans les yeux. Il s'excuse de ne pas avoir pu lui donner une voiture à la hauteur de son talent pendant ces trois années, et ajoute qu'il portera cette frustration pour le reste de sa vie.

Pendant la saison 1987, Ayrton Senna (Lotus) et Nigel Mansell (Williams) se battent souvent aux avant-postes.

UNE PASSION POUR L'AVIATION

Peu avant le GP du Brésil 1987, Ayrton Senna copilote un chasseur F5E de l'armée de l'Air brésilienne au-dessus de Rio de Janeiro en compagnie de Silvio Potengi, le pilote habituel. À une vitesse maximale de 1 000 km/h, en effectuant plusieurs boucles, ils suivent, d'en haut, la longue ligne droite du circuit de Jacarepaguá. Malgré son excitation, Ayrton s'évanouit quelques fois dans le cockpit. En racontant cette histoire plus tard à son ami Tchê, Lucio Pascal Gascon, son premier mécanicien en kart, il souligne que cette expérience est l'une des plus électrisantes de sa vie. Après un grand plongeon suivi d'un passage à basse altitude à quelques mètres de la mer, tout près des vagues, dans la région d'Ubatuba, Potengi a effectué un mouvement soudain de 180 degrés. À l'envers, avec l'eau tel un autre ciel, tout près du cockpit, Ayrton a ressenti quelque chose qui ne fait pas partie de sa routine : la panique. Il a terminé pâle et étourdi de cette expérience de 40 minutes, mais heureux et empli d'un curieux sentiment de patriotisme : « Si tous les Brésiliens pouvaient vivre ce que j'ai ressenti, peut-être auraient-ils plus d'amour pour leur pays. »

GRAND PRIX DU MEXIQUE, LA COLÈRE ET L'AMENDE

Mathématiquement, Senna peut toujours être champion du monde en arrivant à Mexico. Il lui faut remporter les trois dernières courses de la saison pour que ce miracle se réalise. Mais lui n'y croit plus, préférant penser que le titre ira à Mansell ou Piquet : une façon d'éviter d'être déçu. Il connaît sa Lotus 99T et les problèmes de fiabilité qui vont avec. Lors de la séance d'essais du samedi, Senna est victime d'un accident effroyable sur le vieux circuit des Frères Rodriguez. Dans une portion du tracé, sa Lotus prend une bosse alors qu'il vient de passer le cinquième rapport. Elle s'envole et il en perd le contrôle au moment où elle reprend contact avec le sol. Sonné, il est transporté au centre médical pour être examiné. Ce qui déclenche une colère froide du Brésilien : « C'est ma voiture qui a besoin d'être en observation, pas moi. Vous savez ce qui me fait le plus mal ? De ne pas pouvoir me battre devant, de ne pas pouvoir imposer mon rythme. »

Ayrton n'est pas au bout de ses peines. Parti 7e d'un Grand Prix chaotique qui a donné lieu à deux départs, le Pauliste se retrouve en tête-à-queue au 55e tour (sur 63) alors qu'il est 3e. La faute à un embrayage récalcitrant, selon lui. Mais le pire est à venir. Il cherche à être poussé par les commissaires de piste pour continuer. L'un des commissaires de piste s'approche de la Lotus et la pousse pendant quelques secondes, avant de la laisser partir toute seule. Conséquence : Senna est arrêté au

Alain Prost (McLaren) devant Ayrton Senna (Lotus). Dès la saison suivante, ils se battront à armes égales…

beau milieu de la piste pendant une vingtaine de secondes. Une éternité en Formule 1. Sa troisième place s'envole. Puis d'autres commissaires viennent à sa rescousse, mais au lieu de faire redémarrer la Lotus, ils la font ralentir, et caler. Définitivement. Le Brésilien bouillonne de rage. En sortant de sa voiture, il colle une droite à un commissaire et donne un coup de pied à un autre. La scène, captée par les caméras de télévision, fait enrager la FISA qui lui inflige une amende de 15 000 dollars.

CAMEL
CAMEL
HONDA
DeLonghi
DeLonghi
elf
HONDA

À gauche : en 1987, Ayrton Senna et le motoriste Honda travaillent d'arrache-pied. Ce début d'alliance sacrée permet au Brésilien de finir 4e du Championnat du monde de F1.

À droite : soucieux du moindre détail, Ayrton Senna écoutait et observait chaque élément susceptible d'améliorer ses performances.

LES STATS DE SENNA 1987

GRAND PRIX	QUALIFICATION	COURSE
BRÉSIL	3E	ABANDON (PRESSION D'HUILE)
SAINT-MARIN	POLE POSITION	2E
BELGIQUE	3E	ABANDON (ACCROCHAGE)
MONACO	2E	VICTOIRE
DÉTROIT	2E	VICTOIRE
FRANCE	3E	4E
GRANDE-BRETAGNE	3E	3E
ALLEMAGNE	2E	3E
HONGRIE	6E	2E
AUTRICHE	7E	5E
ITALIE	4E	2E
PORTUGAL	5E	7E
ESPAGNE	5E	5E
MEXIQUE	7E	ABANDON (TÊTE-À-QUEUE)
JAPON	7E	2E
AUSTRALIE	4E	DISQUALIFIÉ (FREINS NON CONFORMES)

3E DU CHAMPIONNAT DU MONDE

57 POINTS, 2 VICTOIRES, 8 PODIUMS, 1 POLE POSITION

8

8

CONSÉCRATION

PREMIER TITRE FACE À PROST

POUR SA PREMIÈRE SAISON AU VOLANT D'UNE MCLAREN-HONDA, ET APRÈS UNE DISQUALIFICATION BRUTALE ET INATTENDUE AU BRÉSIL, DANS SON PAYS, SENNA VA RÉUSSIR UNE SAISON DE TRÈS HAUT NIVEAU ET SIDÉRER TOUS LES OBSERVATEURS DE LA F1, Y COMPRIS CEUX QUI ATTENDAIENT AVEC IMPATIENCE DE LE VOIR DANS UN TOP TEAM APRÈS SON APPRENTISSAGE RÉUSSI CHEZ LOTUS.

Le bilan de l'année est plus que positif : 8 victoires, 11 podiums et surtout 13 pole positions alors qu'il roule, à voitures égales, dans la même écurie qu'Alain Prost, déjà sacré deux fois dans l'écurie de Ron Dennis. Le maître de Woking a réussi son pari très risqué – associer deux pilotes aussi forts – et bouclé une saison de tous les records. Derrière Senna, Prost peut se consoler en se disant qu'il a marqué plus de points que le Brésilien (105 à 94), même si le règlement, qui vise à primer la performance (11 meilleurs résultats sur 16 courses) l'a privé d'un troisième titre. Très loin derrière les McLaren Boys au classement du Championnat du monde, un seul pilote a réussi à monter une fois sur la plus haute marche du podium : Gerhard Berger, à Monza, dans sa Ferrari. L'Autrichien boucle sa saison avec 41 points, soit deux fois moins que ses deux rivaux absolument intouchables : 8 victoires pour Senna, 7 pour Prost, donc 15 en 16 courses pour l'écurie de Maître Ron.

Ayrton Senna, le vainqueur du jour, entouré par Alain Prost et Thierry Boutsen sur le podium du GP de Hongrie 1988. Quelques semaines plus tard, Senna devient Champion du monde pour la première fois.

COURSE APRÈS COURSE

1988

GRAND PRIX DU BRÉSIL : LA GROSSE DÉCEPTION !

C'est la première sortie officielle de la *dream team* constituée par Ron Dennis, et les essais sont largement dominés par les McLaren-Honda – de quoi glacer la concurrence malgré la température ambiante. Senna signe sa première pole position de l'année, devant Mansell (2e), avec 6 dixièmes d'avance sur Prost (3e). Mais cette pole position, Senna n'en profitera pas. Suite à un problème mécanique, il est obligé de changer de voiture et de partir des stands. Mansell se retrouve donc en pole position. Il prend un meilleur départ que Prost, mais le Français lui fait l'extérieur assez vite et s'échappe en tête. Senna est 18e et commence à remonter. Il est 13e au 5e tour, puis 8e au 10e tour. Rien ne peut l'arrêter et, devant son public ravi, il continue son festival de dépassements. Quand Mansell abandonne au 19e tour, Senna est 3e. Au 27e tour, il rentre au stand pour changer de pneus, discute avec Ron Dennis, demande à ses mécaniciens de nettoyer ses radiateurs bouchés par des détritus. Quand il reprend la piste, il passe 6e, puis 5e, tandis que Prost fait toujours la course en tête. Au 31e tour, un commissaire de course apparaît et agite le drapeau noir tout en brandissant le n° 12, celui de Senna : ce dernier est disqualifié pour son changement de voiture. Et Prost remporte pour la cinquième fois le GP du Brésil, de justesse, avec un réservoir quasiment vide. L'association McLaren-Honda débute en fanfare, Prost est ravi, Senna déçu. Quant à Gérard Ducarouge, qui est resté chez Lotus, il n'a aucun doute : « Les McLaren vont tout rafler cette année... », soupire l'ingénieur français.

À gauche : les données télémétriques étaient minutieusement étudiées par Senna et Prost, avec l'aide des ingénieurs de McLaren et Honda.

À droite : Joe Ramírez, Ayrton Senna et Alain Prost : un trio bien connu des suiveurs de l'écurie McLaren-Honda en 1988.

Marlboro
Marlboro
NACIONAL
BOSS
BOSS
Marlboro

AYRTON SENNA, LE MINUTIEUX

Ce n'est un secret pour personne : Ayrton Senna était très exigeant envers lui-même et envers sa machine. L'attention qu'il portait aux moindres détails a donné bien des maux de tête à ses ingénieurs. Mais c'est cet engagement total du Brésilien qui lui a permis de s'installer au sommet du sport auto. Avant chaque course, Honda et McLaren simulaient par ordinateur le rythme potentiel de Senna le week-end suivant. « Normalement, le temps réel d'un pilote est légèrement plus lent que le meilleur temps théorique de la simulation. Mais Ayrton était toujours légèrement plus rapide, parce que nous ne pouvions pas copier ce qu'il faisait avec la combinaison moteur-pneus », raconte Takeo Kiuchi, ingénieur moteur. Preuve que l'homme pouvait être, à son meilleur, plus fort que la machine. Tel un chef d'orchestre, Ayrton Senna passait beaucoup de temps avec ses motoristes. Un jour, il a même tenté de faire entendre aux ingénieurs nippons un changement dans le bruit du moteur Honda, entre 8 500 et 8 700 rotations par minute. « On aurait dit un musicien qui cherchait la note parfaite », se souvient l'ingénieur Hiro Teramoto, chargé des suspensions.

Si la technicité de Senna impressionnait les ingénieurs, son sens du détail allait encore plus loin. Ayrton demandait ainsi que ses cagoules soient réalisées d'une manière particulière. Contrairement à beaucoup d'autres pilotes, les cagoules de Senna ne couvraient en effet ni sa bouche, ni son front, ni son nez. Il demandait aussi à ce que leurs coutures ne soient pas en contact avec la partie haute de sa tête, de peur d'avoir envie de se gratter à cause de la sueur. Le risque : perdre ne serait-ce qu'un instant sa concentration. D'abord étonnés, ses fabricants de matériel ont finalement accepté ses demandes et cousu ses cagoules à l'extérieur…

Alain Prost et Ayrton Senna observent les données transférées par leur équipe avant de rouler sur le circuit du Grand Prix de Monaco.

GRAND PRIX DE MONACO : TOUR MAGIQUE ET LEÇON DE VIE

Quand Senna arrive à Monaco, il vient de gagner à Imola, de signer 2 pole positions d'affilée dans sa McLaren MP4/4, et en qualifications il est encore devant, avec plus d'1 seconde d'avance sur le reste de la meute. Alors il rentre au stand. Tant mieux, car Ron Dennis ne veut pas qu'il prenne le risque d'abîmer sa monoplace. Mais le Brésilien tente de le faire changer d'avis : « S'il te plaît, laisse-moi faire encore un tour. » Le boss accepte. Senna n'aura besoin que de 84 secondes pour boucler l'un des tours les plus rapides et impressionnants de l'histoire de la F1. Avec un temps de 1 min 23 sec 998, il repousse son grand rival, Alain Prost, à une seconde et demie. La performance est XXL : Senna se retrouve à 9 dixièmes de la pole de l'année précédente signée par Mansell… alors que la Williams-Honda de l'Anglais avait 300 chevaux de plus ! Beaucoup de spécialistes s'accordent à dire que c'est le meilleur tour de tous les temps, toutes courses confondues. Pourtant – et curieusement –, aucun enregistrement de son tour n'existe, la télévision et ses caméras n'étant pas aussi prégnantes que maintenant. Mais, par chance, les souvenirs sont impérissables pour ceux qui étaient présents ce jour-là. Dont le coordinateur de l'écurie anglaise, Jo Ramírez : « Après la séance, Alain m'a dit : “Il est sacrément rapide.” Je me suis tourné vers Ayrton, qui affichait un grand sourire et m'a fait un clin d'œil. » Senna attendra deux ans pour relater son expérience. Son expérience, qui s'apparente à une entrée dans « la zone », quand la maîtrise est totale et la concentration maximale : « Je pilotais d'instinct. Je me trouvais dans une autre dimension, comme si j'étais dans un tunnel. Ce jour-là, je me suis dit : “C'est mon maximum. Je ne peux pas faire mieux.” Je n'ai jamais ressenti cette sensation de nouveau. »

La course venue, Ayrton continue d'anéantir la concurrence, comme la veille. En gardant un œil sur Prost, bloqué derrière Gerhard Berger, 2e. Au 55e tour, le Français déborde l'Autrichien, mais il est encore à 48 secondes du Brésilien. Ayrton est surmotivé et tourne de plus en plus vite. Alors, au 64e tour (sur 78), Ron Dennis prend la radio : « Ralentis, ralentis, il ne va pas te dépasser ! » Une boucle plus tard, l'écart est passé à 54 secondes. Cela ne va pas durer : au 67e tour, le pilote au casque jaune emboutit sa McLaren au virage du Portier… et offre la victoire à Prost. Très en colère, Ayrton sort de sa voiture et, sans rentrer au stand, part à pied pour son appartement du Houston Palace, tout proche. Il s'y isole. Jo Ramírez réussit quand même à l'avoir au téléphone : « Je suis l'homme le plus idiot du monde », lui dit Ayrton. Chez McLaren, un membre de l'équipe préférant rester anonyme résume : « Senna a fait trois erreurs : augmenter son rythme alors que ce n'était pas nécessaire, mettre trop longtemps à répondre à une consigne radio et faire une erreur de calcul [Concernant la distance des rails]. » On ne l'y reprendra plus.

Dans l'édition du lendemain, le quotidien *Nice-Matin* écrit à l'attention du pilote McLaren : « Rares étaient les champions du monde qui n'ont pas marié talent et intelligence. L'avenir révélera les progrès réalisés par le Brésilien, pour devenir numéro 1 en Formule 1. » À la fin de la saison, une fois son premier titre empoché, Senna livrera que cet accident et cette bourde lui ont servi : « J'ai perdu ma concentration et commis une erreur bête. Cela m'a fait réfléchir un peu sur moi-même. Mon erreur à Monaco m'a réveillé psychologiquement. »

Double page suivante : À la fin de la montée de Beau Rivage, dans le virage Massenet qui mène au fameux casino de Monte-Carlo, les spectateurs se penchent pour admirer le Brésilien.

Hôtel de Paris L
Hôtel Hermitage L

Marlboro

HONDA
12
Shell
Shell

MCLAREN MP4/4

La McLaren MP4/4 est sans conteste l'une des meilleures Formule 1 de l'histoire. Celle qui a fait rêver tous les passionnés de ce sport et rager toutes les équipes concurrentes. Ce modèle a gagné 15 courses sur 16, engrangé 15 pole positions et mené 1 003 tours sur les 1 031 parcourus en 1988. Une domination presque totale. Cette voiture allait très vite et est devenue un mythe. À tel point que Steve Nichols, son designer en chef, et John Barnard, son directeur technique, se disputent toujours la paternité du projet.

L'histoire de cette McLaren démarre bien tardivement. En août 1987 précisément. On apprend alors que Honda motorisera leurs F1, au lieu de TAG-Porsche. L'arrivée de Senna est annoncée quelques jours plus tard. La pression s'accentue sur les hommes de Woking. « Je vérifiais et revérifiais [chaque détail de la voiture] et je ne laissais rien au hasard. Je crois, d'une façon étrange, qu'une grande partie du succès de cette voiture est due à mon manque de confiance », raconte Steve Nichols en souriant. Son collègue Gordon Murray tente de s'inspirer du concept de la Brabham BT55, qu'il avait dessinée en 1986. Débauché par McLaren, il a embarqué tous les plans pour les poser sur les planches à dessin de l'écurie de Ron Dennis.

Les Nippons de Honda retroussent leurs manches et fournissent un tout nouveau moteur Honda RA168E V6 bi-turbo, à la demande de Gordon Murray qui souhaite rabaisser le moteur dans le châssis. McLaren conçoit une boîte de vitesses à trois arbres au lieu de deux. Audacieux. La récente règlementation impose de réduire la capacité du réservoir de 195 à 150 litres pour les turbos, dont ce sera la dernière saison. Dans le même temps, la Fédération internationale limite la pression de suralimentation à 2,8 bars, contre 4,0 auparavant – de quoi diminuer drastiquement la puissance des moteurs. L'équipe anglaise abaisse aussi le baquet des pilotes et propose une position de conduite à 30 degrés, et non 45 comme à l'accoutumée. L'auto a donc un centre de gravité plus bas, ce qui confère à Prost et à Senna un meilleur contrôle, en plus d'améliorer les performances aérodynamiques de la MP4/4.

Présentée le dernier jour des essais de pré-saison à Imola, le mercredi 23 mars, la McLaren MP4/4 se montre tout de suite compétitive. Deux jours plus tôt, Senna avait réussi un chrono de 1 min 29 sec 14 au volant du modèle 1987. Avec le modèle 1988, il gagne 2 secondes au tour ! Pour éviter d'effrayer la concurrence, Prost susurre à l'oreille de Ron Dennis qu'il ne faut pas que Senna expose trop les capacités de la nouvelle McLaren. Le Brésilien se soumet à la requête, mais ne peut contenir sa joie : « Cette voiture est vraiment bonne », lance-t-il dans le motor-home anglais. C'est avec elle qu'il décrochera son premier titre mondial.

GRAND PRIX DU CANADA : LA « COURSE À L'ESSENCE »

Sur l'île de Montréal, les McLaren-Honda dominent les essais et Senna signe sa cinquième pole position consécutive, 182 millièmes devant Prost. Les Ferrari (Berger 3e, Alboreto 4e) sont en deuxième ligne, mais à plus d'une seconde, devant les Benetton (Nannini 5e, Boutsen 7e) et la Lotus-Honda de Piquet (6e). C'est une course sans histoire, remportée logiquement par l'homme le plus rapide en piste, tout le week-end. Senna s'arrête quelques mètres après la ligne d'arrivée car il n'a plus assez d'essence pour boucler un tour d'honneur. Prost assure la deuxième place et le troisième doublé de la saison pour McLaren-Honda, devant Boutsen (3e) avec son moteur atmosphérique, un authentique exploit, et Piquet, bien plus loin (4e). Le public, qui compte beaucoup de Sud-Américains, semble très heureux de cette victoire intelligente de son idole, qui a attaqué au bon moment, sans gaspiller trop de carburant.

« Comme c'était une course à l'essence, je devais être patient, résume Senna. Les ingénieurs de Honda m'ont dit qu'ici mon ordinateur serait précis, qu'il faudrait absolument suivre ses indications. J'attendais donc la bonne occasion. Quand j'ai vu que Prost commençait à buter sur des attardés (Arnoux et les Arrows), je n'ai pas hésité. » Réponse de Prost : « J'aurais pu lui fermer la porte, mais ce n'est pas mon genre... Étant limité en consommation, et un peu chaud en température d'eau, j'ai préféré le laisser passer. D'autant que nous étions au début d'une course longue. Je pensais que tout allait se jouer à la fin, au verre d'essence près... » À la fin, le Français a réduit sa pression de suralimentation pour éviter la panne sèche… et empocher les six points de la deuxième place. Au classement du championnat, Prost affiche 15 points d'avance sur Senna (39 à 24) et il reste encore les deux tiers du championnat à disputer (11 courses sur 16).

Ayrton Senna en tête du peloton sur un circuit en ville : une image tout sauf étonnante.

POP 84
CAMPARI
Ford
Ford
GOODYEAR
benetton
28
12
19

GRAND PRIX D'ITALIE, LE GRAND CHELEM RATÉ

Quand Senna et Prost arrivent à Monza pour le GP d'Italie, rien n'est encore joué. Ayrton a 3 points d'avance sur Alain dans la foulée d'un huitième doublé en 11 courses, à Spa-Francorchamps. Mais, sur le vénérable autodrome italien où les F1 roulent très vite et consomment beaucoup d'essence, la belle machine s'enraye : Jean-Louis Schlesser, qui remplace temporairement Nigel Mansell chez Williams, s'accroche avec Ayrton à l'avant-dernier tour…

Ferrari remporte son seul Grand Prix de la saison devant les *tifosi*, tandis que McLaren enregistre son seul et unique zéro pointé de 1988, ratant un Grand Chelem historique. Il faudra attendre Ferrari époque Michael Schumacher, Red Bull avec Sebastian Vettel puis Max Verstappen, et Mercedes avec Lewis Hamilton et Nico Rosberg, pour assister à une telle domination de la part d'une écurie sur une saison de F1.

À gauche : sous la pluie, Ayrton Senna devance aisément ses rivaux, comme ici Gerhard Berger (Ferrari) et Alain Prost (McLaren), suivis par une Benetton.

En haut : le style de pilotage de Senna, si particulier dans les courbes, lui permettait de grappiller de précieuses fractions de seconde à ses concurrents.

JEAN-LOUIS SCHLESSER

Trois décennies plus tard, Schlesser se souvient de tout. Il raconte en détail :

« Les McLaren roulaient hors consommation, Alain me l'a dit après. Ayrton a absolument voulu me doubler en arrivant à la chicane. Je me suis mis à droite et j'ai freiné le plus longtemps possible tout droit. C'est ce qu'on voit sur les images : j'arrive en fin de freinage, je bloque la roue parce qu'au lieu de prendre ma trajectoire, j'essaie de lui laisser le plus de place possible. Mais Ayrton, c'est un mec extraordinaire, un pilote exceptionnel. Il était collé à moi. Je me suis dit : "Si je lève le pied à un endroit où on est supposé aller à fond, peut-être qu'il y aura un accrochage." Ayrton est monté sur ma roue et après un tête-à-queue, il s'est posé sur le trottoir. De mon côté, j'ai continué et fini ma course. À Monaco, quand j'ai revu Ayrton, nous en avons discuté. Il m'a dit : "Jean-Louis, ce n'est pas grave, c'est la vie." Celui qui était le plus contrarié dans cette histoire, c'était Ron Dennis : il pensait pouvoir gagner toutes les courses de la saison. Mais il faut savoir qu'Alain aussi avait eu un problème avant, dans la course. Et il m'a dit que de, toute manière, la voiture ne passait pas, en termes de consommation. Donc les deux derniers tours, ils n'auraient pas pu les faire : quand Ayrton m'a accroché, il restait trois quarts d'un tour, plus un autre tour… »

PERSONNAGE-CLÉ

RON DENNIS, LE MAÎTRE DE WOKING

Quand Ron Dennis prend les commandes de McLaren en 1980, le palmarès de l'écurie de Woking est aussi mince que la feuille d'une cigarette Marlboro, son sponsor historique. Depuis sa fondation par Bruce McLaren en 1966, elle n'a obtenu que trois titres mondiaux : deux en 1974 (pilotes et constructeurs) avec Emerson Fittipaldi et une couronne des pilotes en 1976 pour le formidable James Hunt. C'est tout. Mais avec Ron Dennis aux manettes, tout change : Niki Lauda est sacré en 1984, puis Alain Prost en 1985. C'est là que débute la domination des Williams-Honda et que Ron Dennis décide d'associer le plus vite possible Prost et Senna, un pari audacieux pour contrer Mansell et Piquet. En récupérant au passage le moteur Honda, le meilleur du plateau, pour lancer un monopole qui fera date.

Le contrat entre McLaren et Senna est bouclé fin 1987, au terme d'une journée que Ron Dennis n'oubliera jamais. Alors que les négociations approchent de la fin, Senna et le patron de McLaren n'arrivent pas à s'entendre sur l'aspect monétaire. « Nous nous disputions pour environ un demi-million de dollars. J'ai alors eu l'idée de tirer à pile ou face, a raconté Ron Dennis en 2014 sur le site de l'équipe McLaren Mercedes. La pièce est lancée en l'air, elle retombe et part comme une fusée vers les rideaux. Je l'ai ramassée : j'avais gagné le pari ! » Cet épisode marque le début d'une longue relation, ponctuée parfois de querelles et de désaccords, mais faite principalement de victoires et de joie partagées. Pendant son séjour chez McLaren, Senna a en effet remporté 35 Grands Prix sur les 96 dont il a pris le départ. Soit plus d'un sur trois !

Dennis a aussi tenu un rôle clé dans le duel Senna-Prost. Une rivalité qui atteint son paroxysme l'année suivante, en 1990, quand Senna percute volontairement la Ferrari du Français, dès le 1er tour du GP du Japon, pour s'assurer un deuxième titre mondial. Ce qui déçoit profondément Ron Dennis : « Je me souviens d'avoir examiné toutes les traces – la pédale de frein, l'accélérateur, les pneus. Il ne fallait pas s'appeler Einstein pour comprendre ce qui s'était passé. Quand Ayrton est revenu au stand, je lui ai dit qu'il m'avait déçu. » Dennis raconte également comment Senna, dévoue sa vie à son art : « Il était le premier à récupérer tous les rapports de télémétrie pour les étudier dans sa chambre d'hôtel, jusque tard dans la nuit. [...] Il jouait le jeu de l'équipe, se souciait des mécaniciens. Il admettait aussi quand il avait tort. Ces qualités sont inhabituelles pour un pilote de F1. »

GRAND PRIX D'ESPAGNE : PREMIÈRE BROUILLE, PROBLÈME DE CARBURANT

Quand ils arrivent à Jerez de la Frontera pour la 14e manche de la saison, Senna et Prost sont au coude-à-coude, avec 5 points de retard seulement pour le Brésilien (76 à 81). McLaren continue à dégoûter la concurrence, mais le bruit court que les frictions entre Prost et Senna sont de plus en plus fréquentes. À Estoril, le dimanche précédent, Ayrton a tassé le Français contre le mur de manière agressive. Un comportement qui a fait grincer des dents à Woking. « Ils avaient abattu le mur de méfiance qui les séparait, et maintenant ce mur existe de nouveau. Ayrton a disjoncté à Estoril, tandis qu'Alain est resté correct de bout en bout. Les choses deviennent compliquées à gérer », admet alors un proche de Ron Dennis. Comme seuls au monde, les deux pilotes semblent se livrer à une partie de poker menteur dans les stands. Chacun tente de surprendre son rival, par exemple en changeant ses réglages au dernier moment, histoire d'instaurer le doute. Ainsi, lorsque Senna prend la pole position provisoire onze minutes avant la fin des qualifications, il décide de manière inattendue de rentrer aux stands et de ne pas revenir sur la piste. Exactement comme Prost aux qualifications du GP du Portugal une semaine plus tôt. L'intéressé s'en explique de cette manière : « Les pneus perdaient de la performance et ça ne valait pas la peine. »

Prost bénéficie au départ d'une mauvaise impulsion de Senna – qui se fait même dépasser par Mansell – et finit par gagner devant Mansell (Williams) et Nannini (Benetton). Au fil de la course (comme au Portugal), Senna est victime d'un problème sur son ordinateur de bord : ses capteurs lui indiquent qu'il surconsomme. Gêné par ce problème, il ménage sa monture et finit 4e, au pied du podium, une pilule pénible à avaler. D'autant que, une fois passé la ligne d'arrivée, sa McLaren MP4/4 tombe en panne sèche. Sorti de la voiture, il fonce chez McLaren en évitant les journalistes et s'isole pendant plus d'une heure avec mécaniciens et ingénieurs. En sortant du briefing, il lance : « C'est difficile d'expliquer pourquoi, alors qu'Alain et moi avions des consommations identiques lors des douze premières courses de la saison, cela a changé pour les deux dernières. » Ayrton doute, se questionne plus que jamais et ressent une grande colère intérieure. À l'aéroport de Madrid, le pilote à la casquette Nacional bleue est songeur. Avant de s'envoler pour le Brésil, il est vu dans un *lounge* privé en train de consulter frénétiquement des pages contenant l'intégralité des données télémétriques des deux McLaren…

À gauche : Senna a fait entrer la McLaren MP4/4 dans la légende de la F1, grâce à son immense talent.

Ci-contre : Une visière légèrement mouillée indiquant de la pluie. Des conditions où Senna excellera durant toute sa carrière.

EN PISTE POUR LE TITRE 1988

La première saison de Senna chez McLaren est rythmée par de nombreux succès, avec en point d'orgue le titre de champion du monde au Japon. Le casque jaune et la monoplace rouge et blanc sont partis pour durer…

GRAND PRIX DU JAPON : À LA CONQUÊTE DE SON RÊVE

Ayrton Senna a l'occasion de remporter son premier titre mondial au GP du Japon, une manche avant la fin du Championnat en Australie. L'équation est simple : il doit gagner, et ce, quel que soit le résultat de son coéquipier. L'équipe Honda arrive à Suzuka en étant scrutée de très près. Les rumeurs de différences de traitement entre Senna et Prost de la part des Nippons inquiètent la FISA. Il leur est donc demandé de traiter de façon strictement égale les deux pilotes. C'est dans ce climat électrique que surgit un autre ragot fou : Senna prendrait sa retraite à l'issue de la saison 1989. Emballage médiatique, quand tu nous tiens…

À l'issue des qualifications, Senna partira en première ligne, Prost à ses côtés. Le duel aura donc bien lieu. La tension monte. La nuit précédant la course, à 3 h 15, Ayrton se réveille dans sa chambre d'hôtel de Suzuka. Il lui est impossible de se rendormir. L'adrénaline le paralyse : il est proche de son rêve, de son objectif. Et il sait que tout son pays aura les yeux rivés sur lui. Quelques heures plus tard, il se retrouve au volant de sa McLaren. Le départ est donné et tous les Brésiliens sont pris de panique : la voiture de Senna est immobilisée sur la grille. Un problème d'embrayage… doublé d'une erreur d'inattention du pilote. Prost part en tête. Senna cale, réussit à redémarrer, mais la quasi-totalité de la grille l'a dépassé. Il est 16e au premier virage. Rendez-vous en Australie ? Senna n'en a pas envie. À la fin du 1er tour, il est déjà remonté à la 8e place. Et à la fin de la deuxième boucle, à la 6e. Puis 5e au tour suivant. L'histoire est en marche.

Comme un signe venu d'ailleurs, une légère bruine se met à tomber sur le circuit. Or, dans ces conditions, le Brésilien excelle. Au 20e tour, il se retrouve dans la boîte de vitesses de Prost : la chasse au Français a commencé. Au 28e passage, Mauricio Gugelmin et René Arnoux, attardés, retardent Prost. Dans la ligne droite des stands, Senna profite de l'aspiration de la McLaren pour le dépasser à l'intérieur. À 3 h 30 du matin, heure du Brésil, Senna entame l'ultime boucle, en tête. Il lui reste 5,859 kilomètres à parcourir pour devenir champion du monde. Et dans le dernier secteur, il a une étrange vision. « J'ai commencé à tourner dans un virage à 180 degrés quand Jésus m'est apparu. C'était indescriptible », relatera Senna deux ans plus tard au magazine *Playboy*. Après la chicane Casio, sa McLaren MP4/4 s'enfonce une ultime fois dans la ligne droite des stands. Le drapeau à damier est brandi. Senna est champion du monde. « Je criais en franchissant la ligne d'arrivée. Je me cognais la tête, je n'y croyais pas, puis j'ai commencé à pleurer », osa-t-il ensuite révéler. Osamu Goto, membre de chez Honda complète : « Après la course, il était très tendu. Il ne pouvait même pas parler pendant un moment. Il pleurait juste dans la voiture. » Après le podium, Ayrton retrouve sa garde rapprochée dans leur hôtel de Suzuka. Jo Ramírez et Galvão Bueno sont de la fête. Puis il demande à son ami de TV Globo une cassette de la course, pour la regarder avant de s'endormir. Au petit-déjeuner, Galvão Bueno lui demande : « Alors, qu'est-ce que ça fait de se réveiller champion du monde ? » Avec un sourire éclatant, Ayrton lui répond : « Je ne sais pas. Je n'ai pas encore dormi. »

Au terme du GP du Japon 1988, Ayrton Senna remporte son premier titre de champion du monde. Un sacre mérité et ardemment attendu par le Brésilien.

La McLaren MP4/4 pilotée par Ayrton Senna est l'un des joyaux motorisés de l'histoire de la Formule 1.

LES STATS DE SENNA 1988

GRAND PRIX	QUALIFICATION	COURSE
BRÉSIL	POLE POSITION	DISQUALIFIÉ (CHANGEMENT DE VOITURE)
SAINT-MARIN	POLE POSITION	VICTOIRE
MONACO	POLE POSITION	ABANDON (ACCIDENT)
MEXIQUE	POLE POSITION	2E
CANADA	POLE POSITION	VICTOIRE
ÉTATS-UNIS	POLE POSITION	VICTOIRE
FRANCE	2E	2E
GRANDE-BRETAGNE	3E	VICTOIRE
ALLEMAGNE	POLE POSITION	VICTOIRE
HONGRIE	POLE POSITION	VICTOIRE
BELGIQUE	POLE POSITION	VICTOIRE
ITALIE	POLE POSITION	10E (ACCROCHAGE)
PORTUGAL	2E	6E
ESPAGNE	POLE POSITION	4E
JAPON	POLE POSITION	VICTOIRE
AUSTRALIE	POLE POSITION	2E

CHAMPION DU MONDE

90 POINTS, 8 VICTOIRES, 11 PODIUMS,
13 POLE POSITIONS, 3 MEILLEURS TOURS EN COURSE

8

9

LA REVANCHE DE PROST

LA LEÇON DU PROFESSEUR

LA DEUXIÈME SAISON DE SENNA CHEZ MCLAREN-HONDA DÉBUTE AUSSI MAL QUE LA PRÉCÉDENTE, PAR UN ACCROCHAGE AVEC LA FERRARI DE GERHARD BERGER AU BRÉSIL, SYNONYME DE 11^{E} PLACE, LOIN DES POINTS.

Puis tout se passe le mieux du monde pendant trois courses (pole position et victoire à Saint-Marin, à Monaco et au Mexique)… et la machine s'enraye : trois abandons (et une 7e place) en quatre courses, pour cause de problèmes mécaniques ou électroniques. De quoi relancer les chances de son grand rival français qui, pendant ce passage à vide, fait le plein de points (3 victoires aux USA, en France et en Grande-Bretagne). Conséquence directe, quand les deux pilotes arrivent en Allemagne à la mi-saison, Prost comptabilise 20 points d'avance sur Senna (47 à 27). Le Brésilien gagne alors deux fois sur trois (Allemagne, Belgique) mais Prost continue à collectionner les deuxièmes places, justifiant ainsi son surnom de « Professeur ». Le Français n'aime pas ce sobriquet, mais il reflète parfaitement son goût pour les mathématiques. Et là, nouveau passage à vide de Senna, avec deux abandons consécutifs en Italie et au Portugal, ce qui permet à Prost de reprendre le large (victoire et 2e place, encore 15 points de marqués). La victoire de Senna en Espagne, sa 6e de 1989 (contre 4 pour Prost), ne change rien à l'affaire. Le Français peut être sacré au Japon et il va faire ce qu'il faut pour y arriver… L'accrochage entre les pilotes McLaren, au 47e tour, à la chicane, rentre dans les annales de la F1. Et marque à vie la mémoire du Brésilien, convaincu que le président français de la FISA, Jean-Marie Balestre, a fait le jeu de son compatriote en favorisant Prost lors du résultat final. C'est le troisième titre mondial pour Prost, qui a terminé 13 courses sur 16 dans les points, mais le dernier chez McLaren. Il n'a plus envie de se battre contre son coéquipier et part chez Ferrari. Quant au bilan global de l'écurie anglaise, il n'est pas aussi spectaculaire que la saison précédente : 6 victoires pour Senna, 4 pour Prost, soit 10 sur 16. Les miettes du festin se répartissent entre Ferrari (3 victoires pour Mansell et Berger), Williams (2 succès pour Boutsen) et même Benetton (Nannini vainqueur au Japon suite à la disqualification de Senna).

Pendant toute la saison 1989, en tant que champion du monde en titre, Ayrton Senna porte le numéro 1 sur sa McLaren MP4/5. Mais il ne conserve pas ce titre à l'issue de la saison 1989 et c'est Alain Prost qui emporte le prestigieux numéro 1 chez Ferrari.

Double-page suivante : à la fin des années 1980, les départs de F1 constituaient un somptueux cocktail d'étincelles et de fumées, de bruit et de fureur. De quoi marquer à jamais les spectateurs.

COURSE APRÈS COURSE

1989

GRAND PRIX DE SAINT-MARIN : LE PACTE EST ROMPU, DÉJÀ...

Après la surprenante victoire de la Ferrari de Mansell au GP du Brésil, McLaren s'est mis au travail, lors de plusieurs séances d'essais privés, pour améliorer la tenue de route de la McLaren MP4/5. Mais Prost est énervé, il n'a pas apprécié que Senna se fasse porter pâle lors de tests à Silverstone. Il semble nerveux, crispé, alors que la saison débute tout juste. Il soupçonne Honda de vouloir favoriser Senna qui représente « la jeunesse et la fougue », selon un cadre nippon. Ron Dennis tente de le rassurer, mais Prost n'a plus confiance dans le patron. Pour tenter d'éviter le pire, un *gentlemen's agreement* est décidé avant Imola, à la demande de Senna : au premier tour, celui qui partira en tête ne sera pas attaqué par l'autre avant le premier freinage. Aux qualifications de samedi, sous le soleil, les McLaren-Honda pulvérisent la concurrence, comme prévu. Senna est 2 dixièmes devant Prost, les Ferrari 640 de Mansell (3e) et Berger (5e) sont dans le coup. Dimanche, Senna et Prost s'envolent en tête, l'un derrière l'autre, en respectant le pacte. Au 4e tour, à l'entrée de la courbe de Tamburello, Berger perd probablement un morceau d'aileron, la Ferrari file tout droit et percute le mur de plein fouet, à près de 270 km/h. L'incendie est maîtrisé en 15 secondes, le pilote autrichien est choqué mais conscient, il est brûlé aux mains. Drapeau rouge.

Un second départ est donné. Cette fois, c'est Prost qui prend l'avantage sur Senna. Ce dernier se place immédiatement dans le sillage de Prost, prend l'aspiration et le déborde à Tosa. Ce faisant, il viole le « pacte de non-agression » selon son équipier. Prost est furieux. Au 49e tour, il lève le pied car il est déjà très loin du Brésilien, et se résigne à prendre les six points de la 2e place. Senna remporte sa 15e victoire en F1, avec 40 secondes d'avance sur Prost. Le troisième, Nannini, termine à un tour dans sa Benetton – un gouffre. Sur le podium, l'ambiance est plombée : Prost refuse le champagne, fuit les journalistes et s'enferme dans le motor-home Marlboro. « Ayrton n'a pas respecté notre pacte du premier tour ! » lance-t-il à Ron Dennis. Puis commence un long réquisitoire contre le Brésilien, accusé de déloyauté et de fourberie. Prost reproche aussi à son patron de manquer d'autorité. Celui-ci ne peut plus se voiler la face : la crise est ouverte.

Prost parti, Senna se contente de quelques phrases convenues devant la presse – « Je n'ai rien à dire sur Alain ! » – puis, sous la pression des reporters, il lâche un argument plutôt drôle : « Contrairement à ce que soutient Alain, je ne l'ai pas attaqué au premier tour. Nous en étions au quatrième... » C'est exact, puisque la course a été arrêtée au 4e tour suite à l'accident effrayant de Berger. Au fond de lui-même, Senna sait qu'il a commis une erreur et serait prêt à s'excuser... si Prost faisait un pas vers lui. Ce qui n'est pas à l'ordre du jour, car le Français est persuadé que tout le monde est ligué contre lui : Ron Dennis, Honda, les journalistes et bien sûr Senna. C'est la goutte d'eau qui fait déborder le vase, après seulement 2 courses sur 16. Le lendemain, il annule un rendez-vous avec Mansour Ojjeh, propriétaire de TAG et actionnaire majeur de McLaren, où aurait dû être évoquée la prolongation de son contrat.

SENNA ET PROST

Lors de leurs deux saisons en commun chez McLaren, Senna et Prost ont tenu toutes les promesses entrevues par les experts lors de l'annonce de leur cohabitation. Le bilan, à la fin, est plutôt équilibré. Un titre mondial chacun et match nul 2-2 au rayon des statistiques les plus significatives : Ayrton a très souvent été le plus rapide en qualifications et a remporté trois courses de plus, tandis qu'Alain, le « Professeur », est monté plus souvent sur le podium, tout en signant deux fois plus de meilleurs tours en course…

1988-1989	VICTOIRES	PODIUMS	POLE POSITIONS	MEILLEURS TOURS	TITRES
SENNA	14	18	26	6	1 (1988)
PROST	11	25	4	12	1 (1989)

Regard levé vers le ciel, Ayrton Senna ne peut compter que sur lui-même pour essayer de remporter un deuxième titre mondial chez McLaren. Raté.

MCLAREN MP4/5

Après une McLaren MP4/4 aussi dominante, les experts de la F1 attendaient avec impatience le modèle 1989 conçu par le chef d'orchestre Neil Oatley. Les moteurs turbocompressés étant désormais bannis, Honda a dû réagir et a longtemps planché sur un moteur V10 atmosphérique. Le Honda RA109E garantit 675 chevaux avec un régime maximum de 13 000 tours par minute. Les ingénieurs nippons travaillent sur ces dix cylindres depuis la mi-saison 1987 et ils espèrent des résultats à la hauteur de leurs efforts. La monocoque est entièrement nouvelle, tout comme les suspensions dont elle est équipée. Ce n'est pas un hasard : avant de concevoir la MP4/5, les équipes de Minato et Woking ont procédé à un check-up complet de la monoplace de la saison passée, ce qui les a amenés à retravailler l'aérodynamique globale. L'apparence de la nouvelle McLaren est donc bien distincte de celle de la MP4/4.

À l'ouverture de la saison 1989 à Rio de Janeiro, Prost et Senna se plaignent du manque d'accélération de la monoplace conçue par Neil Oatley et son équipe. Fort heureusement, chez McLaren, on sait développer une voiture et l'améliorer. On travaille d'arrache-pied à Woking pour corriger cela dès la deuxième manche à Saint-Marin. En cours de saison, la McLaren MP4/5 bénéficie ainsi de plusieurs améliorations. De nouveaux freins Brembo, censés alléger la voiture, sont installés, tout comme une boîte de vitesses transversale apparue à Silverstone, dont les débuts s'avèrent tout de même compliqués. Si cette voiture n'est pas aussi dominante que la mythique MP4/4, elle permet toutefois à la rivalité Senna-Prost d'atteindre de nouveaux sommets.

GRAND PRIX DE MONACO : LA VICTOIRE AVEC XUXA

Le torchon brûle quand McLaren arrive à Monaco. La domination des monoplaces anglaises est éclipsée par la brouille entre les deux pilotes. En arrivant sur le Rocher, Prost reparle du « pacte brisé » par Senna à Imola : « Ron Dennis a dû lui mettre la pression pour qu'il dise la vérité », signale le Français à la presse brésilienne. Senna bénéficie, lui, du soutien de Jean-Marie Balestre, le président de la FISA, qui est plus qu'hostile aux consignes d'équipe : « Cela va à l'encontre de tout esprit sportif. » Chez McLaren, Jo Ramírez temporise. Cette bataille n'est due qu'à la farouche volonté de gagner des deux pilotes. Senna décroche la 32e pole position de sa carrière, il n'est plus qu'à une longueur du grand Jim Clark. Prost, son meilleur ennemi, est deuxième. Malgré l'ambiance conflictuelle entre les deux hommes, Senna ne répond pas aux propos de Prost par voie de presse. Il préfère éviter les déclarations fantasques pour se concentrer sur sa course… et sur la présence de Xuxa, sa petite amie. À ce stade de sa carrière, Ayrton n'a gagné qu'une seule fois à Monaco, en 1987, et Prost quatre fois. Pas de quoi l'empêcher de dormir : « L'expérience est très importante mais à ce jour, pour moi, ça ne veut rien dire. J'ai déjà gagné une fois [à Monaco] et j'aurais pu gagner l'année dernière si je n'avais pas fait d'erreur », argumente le Pauliste.

Le jour de la course, les tribunes sont pleines. Beaucoup sont venus pour encourager Senna et agiter des drapeaux brésiliens. Fidèle à son habitude, Ayrton salue timidement la foule, mais sa compagne Xuxa ne l'entend pas de cette oreille. Celle qui se fait appeler la *rainha dos baixinhos* (« la reine des tout-petits ») va donner un petit cours de relations publiques à Senna. Agrippant la main du champion du monde en titre, elle le force à l'agiter en direction des spectateurs, tout en lui demandant de leur envoyer des baisers.

Un artiste en plein chef-d'œuvre : Senna a fait des merveilles avec la McLaren MP4/5, même si le titre de champion lui a finalement échappé à cause de Prost.

Après cette « pause » spectateurs, le départ est donné. Ce GP de Monaco tourne à l'avantage de la McLaren de Senna, car Prost est gêné par sa boîte de vitesses durant la première moitié de la course. Sauf que Senna est touché à son tour par des problèmes de transmission et perd, en l'espace de cinq tours, son premier et son deuxième rapport. Il arrive à préserver son avance de 40 secondes sur Prost, mais il cogite. Monaco est le circuit où l'on fait le plus de changements de rapport à chaque tour. Le Brésilien a encore en tête son erreur de 1988 et abandonner une nouvelle victoire au Français lui serait insupportable. Un an plus tard, il répare sa bêtise grâce à sa détermination et son talent du pilotage et décroche un deuxième succès à Monaco après celui de 1987, son premier chez McLaren.

Sur le podium, la poignée de main est cordiale entre Prost et Senna. Ayrton contient sa joie… mais asperge le prince Rainier et la princesse Caroline de champagne. Un geste qui constitue une entorse au protocole si particulier – et légendaire – de ce Grand Prix. Après la traditionnelle cérémonie de gala du dimanche soir, Ayrton et Xuxa montent dans le bateau d'une amie et partent voguer dans la baie. Le plus rapide de tous les Brésiliens porte fièrement sur ses épaules son drapeau chéri. La légende raconte qu'il le dépose alors avec le plus grand soin dans les eaux de Monaco, le laissant baigner pour toujours en Principauté.

Deux McLaren-Honda aux avant-postes dans la montée du Casino, à Monaco. Ayrton Senna et Alain Prost signent respectivement les première et deuxième place.

PERSONNAGE-CLÉ

JULIAN JAKOBI, LE MANAGER AVISÉ...

Dans le casting royal de la saga Senna se trouve aussi un agent très influent : Julian Jakobi. Né à Londres et ayant passé toute son enfance près de Silverstone, il est diplômé de l'université d'Oxford où il a étudié la philosophie, la politique et l'économie. Il arrive très tôt chez IMG, à l'époque agence préférée de plusieurs grands sportifs européens – notamment des joueurs de tennis (Björn Borg, Mats Wilander) et des golfeurs (Bernhard Langer, Nick Faldo). En 1984, à son arrivée chez McLaren aux côtés de Niki Lauda, Jakobi devient l'agent d'Alain Prost, puis celui d'Ayrton Senna en 1985, toujours pour IMG. Il est donc aux premières loges pour assister à la rivalité des deux hommes dans l'écurie de Ron Dennis. Quand Prost prend une année sabbatique en 1992, Senna propose à Jakobi de travailler pour lui en exclusivité. Ce dernier quitte alors IMG et les deux hommes créent ensemble le Ayrton Senna Group pour gérer et commercialiser des produits dérivés. Après la tragédie d'Imola, Jakobi participe à la création de l'Instituto Ayrton Senna avec la sœur du champion brésilien. Il envisage ensuite de créer une écurie de F1 portant le nom de Senna, mais renonce et fonde finalement sa propre agence, le Stellar Management Group, conseillant la nouvelle écurie British American Racing (BAR). Il retrouve Prost pendant l'aventure Prost Grand Prix (ex-Ligier) et conseille ensuite Juan Pablo Montoya et, plus récemment, Sergio Pérez.

Un quart de siècle après Imola, Julian Jakobi s'est confié au Podcast *Beyond the Grid* au sujet de la rivalité mythique entre Prost et Senna. L'agent juge qu'elle a été montée en épingle. « Je ne pense pas que l'animosité entre eux était réelle. Ils savaient que pour remporter le titre mondial il fallait avoir la meilleure voiture. Ils l'avaient. Chacun devait donc battre l'autre. Et ils étaient prêts à tout pour y arriver, sur la piste. En dehors de la piste, ils étaient assez intelligents pour comprendre qu'ils gagnaient des sommes astronomiques. » Jakobi a d'ailleurs expressément demandé à ce que la confidentialité soit de mise entre les deux pilotes concernant leurs salaires respectifs, même s'ils étaient coéquipiers. « Une fois seulement, Ayrton et Alain m'ont demandé. Ils n'ont jamais réessayé », déclara-t-il plein d'aplomb.

La relation Senna-Prost évolue quand le Français rejoint la Scuderia Ferrari fin 1989, puis quand il prend sa retraite fin 1993, sur un quatrième titre mondial remporté chez Williams... où il est remplacé par Senna. La parole à Jakobi, une dernière fois : « Ayrton avait un immense respect pour Alain car il savait qu'il était aussi bon que lui et qu'il fallait sortir le grand jeu pour le battre. Quand votre plus grand rival prend sa retraite, cela change tout. »

Ayrton avait un immense respect pour Alain car il savait qu'il était aussi bon que lui et qu'il fallait sortir le grand jeu pour le battre.

JULIAN KAKOBI

MIKE WILSON

Chaque fin de saison, le monde de la F1 se donne rendez-vous à Paris pour le gala de remise des prix de la FIA. Ayrton Senna y est convié en 1989 en tant que vice-champion du monde. Durant l'événement, il revoit un visage familier. Celui de Mike Wilson. Le plus italien des Anglais y reçoit son sixième trophée de champion du monde de karting. En 2023, il garde un souvenir précis de cette cérémonie :

« Dès que je descends de la scène, il quitte sa table et s'approche de moi pour me serrer dans ses bras, me disant : "C'est absolument incroyable ce que tu viens de faire, remporter six fois le Championnat du monde de karting !" Je lui réponds que même si cela n'a pas le même prestige que gagner en F1, c'est une réussite fantastique. Vous savez ce qu'il m'a répondu ? "La différence, c'est qu'en F1 je cours contre mon coéquipier et deux autres équipes, soit cinq voitures, parce que les autres F1 ne sont pas compétitives. Alors qu'en karting, le simple fait d'arriver en finale montre que tu as effectué un travail fabuleux – sans parler de gagner la finale ! Et la remporter six fois, c'est absolument incroyable." J'étais tellement bouleversé. Je ne m'attendais pas à ce qu'il dise quelque chose comme ça. »

En 1993, les deux hommes se retrouvent encore, cette fois aux Masters de karting de Paris-Bercy. Senna pilote un kart tout blanc, que ses adversaires soupçonnent d'être un peu spécial. Le désormais triple champion du monde de F1 a envie de faire plaisir à son ancien rival de l'époque karting : « Dans le vestiaire des pilotes, il m'a dit de faire venir mes enfants, et il a sorti trois casquettes de son placard : une pour mon fils, une pour ma fille et une pour moi. Il m'a aussi donné un porte-clés très spécial, avec un S au centre. C'est l'un des objets les plus inestimables que j'ai en ma possession. » Depuis, Mike Wilson s'est reconverti dans la formation de pilotes. Il a notamment prodigué de précieux conseils au jeune Fernando Alonso, à Felipe Massa et bien d'autres. « Nous avons discuté plusieurs fois de Senna. Je me souviens des étoiles dans les yeux des pilotes quand je leur parlais d'Ayrton. C'est comme si je discutais de Dieu pour eux, surtout pour les Brésiliens. »

Je me souviens des étoiles dans les yeux des pilotes quand je leur parlais d'Ayrton. C'est comme si je discutais de Dieu pour eux, surtout pour les Brésiliens.

MIKE WILSON

Ayrton Senna ne laisse aucune place au hasard au moment des derniers préparatifs avant le départ d'un Grand Prix de F1.

Senna
BOSS
MEN'S FASHION
BOSS
MEN'S FASHION
Marlboro

GRAND PRIX D'ALLEMAGNE : POUR ARMANDO…

Quatre abandons. De sa victoire au Mexique fin mai jusqu'au début des hostilités en Allemagne fin juillet, Senna n'a pas fini un seul des quatre Grand Prix qu'il a disputés. Il accuse 20 points de retard sur Prost. À Hockenheim, les journalistes le trouvent amaigri. Mais Senna réplique, en riant : « Je n'ai pas vu mon amour depuis 30 jours. » Le Brésilien fait allusion à la superstar brésilienne Xuxa, avec qui il entretient une relation. Son sourire n'est malencontreusement qu'une façade. Depuis mars, son manager Armando Botelho est victime de problèmes cardiaques. Hospitalisé à São Paulo, sa présence manque à Senna. Sa sœur Viviane décide donc de venir à la rescousse et d'épauler son champion de frère. Victime d'un accident le vendredi, Senna roule avec le mulet en qualifications : il décroche néanmoins sa 36e pole position, devant Prost, sur un circuit où, lorsqu'il s'enfonce dans la forêt, il atteint les 330 km/h. « Ici, c'est juste toi, la voiture, le son du moteur et l'écran avec les numéros des voitures. Il y a un peu de verdure et les arbres sont si hauts. C'est quelque chose qui me touche et qui arrive seulement ici », décrit Senna à un journaliste brésilien curieux. Fatigué, il zappe la conférence de presse post-qualifications et s'attire les foudres du grand manitou de la F1 Bernie Ecclestone.

La course laisse très vite place au désormais traditionnel duel Senna-Prost. Prost joue d'abord le rôle du lièvre, avant de se faire doubler par son rival au casque jaune. Au 20e tour, on arrête Senna. Il a 28,3 secondes d'avance. Le Brésilien s'immobilise et au moment de repartir, on lui ordonne de patienter. Un mécanicien n'est pas sûr d'avoir bien serré sa roue. Il ressort des stands à 3,2 secondes de Prost. Un nouveau duel s'annonce et il semble tourner à l'avantage de Prost. Patatras. À trois tours de l'arrivée, le sixième rapport de la McLaren du Français lâche. Senna, juste derrière, en profite : il signe le meilleur tour et récolte une victoire presque inespérée. Tombée du ciel. Sur le podium, c'est la soupe à la grimace. Les deux pilotes s'ignorent royalement. Après la conférence de presse, le Brésilien est en train de parler à la télévision française quand il est interrompu par Mansour Ojjeh, l'un des actionnaires principaux de McLaren. Ils rejoignent le *motor-home* de l'écurie et, entouré de ses proches, Ayrton apprend le décès d'Armando Botelho à 50 ans. Senna lui dédie l'une de ses plus chanceuses victoires.

En haut : la concurrence échoue à enrayer la domination sans partage de l'écurie McLaren à la fin des années 1980.

À droite : Au Grand Prix du Mexique 1989, Ayrton Senna remporte sa 17e victoire, sa troisième d'affilée en 1989.

Marlboro

GRAND PRIX DU JAPON : UN ACCROCHAGE PRÉVISIBLE, UN SACRE MÉMORABLE

En arrivant à Suzuka, Prost a 16 points d'avance sur Senna (76 à 60). Prost a donc tout intérêt à battre Senna au Japon, pour tuer le suspense avant le grand final aux antipodes. Le président de la FIA, Jean-Marie Balestre, demande à Honda de traiter ses pilotes avec équité, ce qui incite Senna à penser qu'il complote en faveur de Prost. Les deux rivaux s'évitent et s'ignorent. Ron Dennis annule la conférence de presse prévue par Marlboro. Prost ne s'adresse plus qu'à ses ingénieurs, Neil Oatley et Tim Wright. Il bénéficie d'un châssis neuf, comme Senna. C'est son deuxième de la saison, contre six pour le Brésilien. Et il a averti son rival dans la presse : s'il veut forcer le passage, comme à Estoril l'année précédente ou à Silverstone cet été, il n'ouvrira pas la porte...

Senna signe sa 12ᵉ pole position de la saison (1 min 38 sec 041) avec 1 seconde et 7 dixièmes d'avance sur Prost, qui se concentre sur les réglages pour la course. Les Ferrari de Berger (3ᵉ) et Mansell (4ᵉ) sont à plus de 2 secondes. Les deux pilotes McLaren ont choisi la version 4 du V10 Honda, qui garantit des régimes très élevés. Il y a 130 000 spectateurs dans les tribunes pour assister à un duel qui s'annonce acharné.

Prost part devant Senna, Berger, Nannini, Patrese, Mansell et Boutsen. Le moteur de Senna fonctionne mal à bas régime et il perd 1 seconde par tour sur le Français, alors qu'il doit aller le chercher pour conserver une chance de décrocher le titre mondial. Au 37ᵉ tour, il hausse le rythme et signe le meilleur tour en course, en 1 min 43 sec 035. Au 39ᵉ tour, il est revenu à 1,7 seconde. Au 40ᵉ tour, Prost est gêné par Cheever dans la chicane. Senna revient dans ses échappements, pendant quelques tours il évalue les possibilités de dépassement. La chicane Casio semble le lieu idéal pour ce combat des chefs. Au 47ᵉ tour, à l'entrée de la chicane, Senna plonge à l'intérieur pour surprendre Prost, en utilisant la piste plus large à cet endroit, à l'entrée des stands. Il se retrouve à la hauteur de son

rival, la piste se rétrécit, il est pris au piège et doit freiner. Prost, imperturbable, négocie sa trajectoire idéale et bifurque à droite. La roue avant gauche du Brésilien heurte le ponton droit du Français. Tous deux s'immobilisent au bord de l'échappatoire, roue dans roue. Après avoir adressé un « bravo » ironique à Prost qui a calé son moteur, Senna quitte son cockpit en lui jetant un regard noir. Il s'agite et demande aux commissaires de le pousser. Son moteur repart et il reprend la piste avec l'aileron avant de travers. Il le perd au tour suivant, rentre au stand pour changer de museau et faire monter un train de pneus neufs. L'opération dure 18 secondes. Magic Senna repart 10 secondes derrière la Benetton de Nannini, nouveau leader, et se lance dans une folle poursuite… totalement vaine. En effet, il a court-circuité la chicane, les commissaires vont donc le disqualifier. Prost regagne les stands, sûr de son fait et de sa nouvelle couronne. Senna, qui a fini par doubler Nannini, passe le premier sous le drapeau à damier et se gare. Ron Dennis l'informe aussitôt de sa disqualification pour trois raisons : la zone de décélération, à l'entrée des stands, ne fait pas partie de la piste ; il a redémarré grâce à une aide extérieure ; il a court-circuité la chicane. Résultat des courses : le championnat est joué, une troisième couronne mondiale s'annonce pour Prost. Sauf que…

Contre toute attente, Ron Dennis annonce son intention de faire appel de la disqualification de Senna. Prost est outré, dégoûté. Et Senna d'en rajouter : « Je considère ce résultat comme provisoire. Maintenant la balle est dans le camp des hommes de loi. Ce que j'ai fait est correctement fait. J'ai gagné cette épreuve sur la piste, mais je ne suis pas monté sur le podium pour fêter ce succès devant le public, mon plus grand fan-club en dehors du Brésil. C'est regrettable pour le sport. Quant à l'accident proprement dit, je n'avais pas d'autres possibilités pour doubler et quelqu'un m'a fermé la porte. C'est tout. S'il s'était agi d'un autre pilote que Prost, il m'aurait laissé passer. » Dès le dimanche soir, Ayrton se réunit avec Ron Dennis, Bernie Ecclestone et Max Mosley, Vice-Président de la FIA pour préparer sa défense devant le tribunal d'appel de la FIA.

Persuadé de son bon droit, Prost savoure une froide revanche et nie toute responsabilité : « Je n'avais pas à laisser passer Senna, tout simplement parce que j'étais plus rapide que lui et que la place manquait à cet endroit. J'étais sur ma ligne, il était derrière moi. Profiter du bas-côté était trop facile. Avec Ron Dennis, ça n'a bien sûr pas été très chaleureux. Mais je m'en fous maintenant. Pour moi, la saison est terminée. Les relations humaines ne m'intéressent plus. Après avoir travaillé comme je l'ai fait pour cette écurie, voir la récompense accordée aujourd'hui de cette façon ne me fait guère plaisir... » Ce troisième titre mondial lui laisse un goût amer dans la bouche.

Le tribunal d'appel de la FIA s'apprête à juger cette affaire, mais l'issue ne fait aucun doute. La cause de Senna est indéfendable, même si ses amis brésiliens voient les choses autrement. Quant à Prost, sa défense est pour le moins confuse : « J'ai pris une trajectoire un poil plus à droite, mais à la vitesse où il était, je ne pouvais pas l'éviter. Ayrton était à l'agonie derrière. Je voulais le laisser revenir un petit peu et réaccélérer ensuite pour lui casser le moral. » Les vidéos montrent surtout que le Français a tenu parole : il avait prévenu qu'il n'ouvrirait pas la porte à Senna. Dont acte, quitte à provoquer une double élimination. Prost estime, à tort ou à raison, avoir été maltraité depuis 1988 par McLaren et Honda. Sa rancune et son aigreur l'ont incité à ne pas modifier sa trajectoire pour éviter l'obus blanc et rouge qui fonçait sur lui. Rideau.

Je considère ce résultat comme provisoire. Maintenant la balle est dans le camp des hommes de loi.

AYRTON SENNA

Les McLaren rouge et blanche dominent la fin des années 1980, mais en 1989, Ayrton Senna finira deuxième au championnat, derrière Prost qui sera sacré champion du monde.

BOSS
Marlboro
POWERED by
HONDA
Shell
BOSS
Marlboro
Marlboro

Je n'avais pas à laisser passer Senna, tout simplement parce que j'étais plus rapide que lui et que la place manquait à cet endroit.

ALAIN PROST

L'accrochage entre Alain Prost et Ayrton Senna, lors du GP du Japon 1989, constitue l'un des moments les plus forts de leur rivalité exacerbée.

HONDA
Shell
GOODYEAR

En haut et à gauche : de 1988 à 1993, Ayrton Senna et McLaren écrivent ensemble certaines des plus belles pages de l'histoire de la F1. La saison 1989 sera couronnée par un titre de vice-champion du monde pour le pilote brésilien.

En bas : avant chaque départ, le très croyant Ayrton Senna levait brièvement les yeux au ciel, de manière symbolique.

Marlboro
Marlboro
COURTAULDS
NACIONAL
NACIONAL
Senna
BOSS
MENS FASHION

LES STATS DE SENNA 1989

GRAND PRIX	QUALIFICATION	COURSE
BRÉSIL	POLE POSITION	11E (SUITE ACCROCHAGE AU DÉPART AVEC BERGER)
SAINT-MARIN	POLE POSITION	VICTOIRE
MONACO	POLE POSITION	VICTOIRE
MEXIQUE	POLE POSITION	VICTOIRE
ÉTATS-UNIS	POLE POSITION	ABANDON (ÉLECTRONIQUE)
CANADA	2E	7E (PROBLÈME MOTEUR)
FRANCE	2E	ABANDON (DIFFÉRENTIEL)
GRANDE-BRETAGNE	POLE POSITION	ABANDON (TÊTE-À-QUEUE)
ALLEMAGNE	POLE POSITION	VICTOIRE
HONGRIE	2E	2E
BELGIQUE	POLE POSITION	VICTOIRE
ITALIE	POLE POSITION	ABANDON (MOTEUR)
PORTUGAL	POLE POSITION	ABANDON (ACCROCHAGE)
ESPAGNE	POLE POSITION	VICTOIRE
JAPON	POLE POSITION	DISQUALIFIÉ (CHICANE COURT-CIRCUITÉE)
AUSTRALIE	POLE POSITION	ABANDON (ACCROCHAGE)

VICE-CHAMPION DU MONDE
60 POINTS, 6 VICTOIRES, 7 PODIUMS,
13 POLE POSITIONS, 3 MEILLEURS TOURS EN COURSE

À gauche : la concentration maximale de Senna avant de se lancer dans un tour chrono lui a permis de signer 6 pole positions d'affilée dans les six dernières manches de la saison 1989.

Ci-dessus : Lors de sa deuxième saison avec McLaren en 1989, Ayrton Senna glane 6 victoires et 13 pole positions.

9

DEUXIÈME TITRE MONDIAL

EXPOR
MOLSON

T
EXPO
MOLSON
MOLSON EXPORT
UNITED COLORS
UNITED COLORS

CARTES REBATTUES CHEZ MCLAREN-HONDA

TOUT CHANGE POUR LA TROISIÈME SAISON DE SENNA CHEZ MCLAREN-HONDA. TOUT D'ABORD, ALAIN PROST EST PARTI CHEZ FERRARI, SUITE À UN ÉCHANGE DE BAQUETS AVEC GERHARD BERGER. CE DERNIER DEVIENT LE SECOND DU BRÉSILIEN À WOKING ET LUI CAUSERA MOINS DE PROBLÈMES.

Ensuite, Ferrari a bien travaillé pendant l'hiver, suite au départ de l'ingénieur John Barnard. La nouvelle 641 est bien née et s'apprête à le prouver. Les rôles sont intelligemment répartis au sein de la Scuderia : Nigel Mansell fait le spectacle et Alain Prost veut surtout jouer le titre mondial, face à son grand rival, dans le style propre et efficace (sauf à Suzuka fin 1989…) qui lui a déjà rapporté trois titres mondiaux. Ce *mano a mano* tient encore en haleine les fans de F1 lors d'une saison entamée en trombe par les deux ex-coéquipiers. Ils raflent dix des douze premières manches. La McLaren MP4/5B n'est pas aussi dominante que les deux monoplaces qui l'ont précédée, mais Ayrton remporte trois des cinq premiers Grands Prix au calendrier (Phoenix, Monaco, Montréal). Puis Prost réussit une jolie série de trois victoires (Mexique, France, Silverstone), enrayée par le Brésilien en Allemagne.
Après une pause en Hongrie (2e), Senna gagne encore (Belgique, Italie) et arrive au Japon

doublement armé : 9 points d'avance sur le Français (78 à 69), qui vient de se relancer en gagnant en Espagne, et surtout un désir de vengeance intact, un an après Suzuka 1989. Le suspense ne dure pas longtemps : Prost part devant et, dès le 1er tour, Senna lui fonce dessus pour harponner la Ferrari. Les deux monoplaces sont dans le bac à graviers, le Brésilien est sacré champion du monde.

Au bénéfice des 11 meilleurs résultats de la saison, car Prost devra décompter 2 points en Australie s'il gagne. Personne chez Ferrari ne dépose de réclamation, les commissaires de course valident le résultat et donc le deuxième titre mondial de Senna. Son rival français préfère se taire. Un silence qui l'honore car tout le monde a assisté, en direct, à ce règlement de comptes prémédité, un an après Suzuka 1989.

Double-page précédente : le Grand Prix du Canada 1990 se fait sous des trombes d'eau. Pas un problème pour Senna qui y signe une performance de choix avec la pole position et la victoire.

Ci-dessus : La McLaren de Senna vue de l'arrière : une image omniprésente pendant toute la saison pour les rivaux soumis du Brésilien.

COURSE APRÈS COURSE

1990

GRAND PRIX DES USA À PHOENIX : AYRTON CONTRE JEAN D'AVIGNON

Une fois n'est pas coutume, cette saison 1990 débute aux États-Unis, la 2e édition du GP de Phoenix étant avancée au mois de mars. Le temps est gris et frais et le pilote qui part en pole position est bien dans une McLaren, mais ce n'est pas Ayrton Senna. C'est Gerhard Berger, son nouveau coéquipier, qui a échangé son siège chez Ferrari avec Alain Prost. Il y a deux autres surprises, car les qualifications se sont déroulées sur piste mouillée : une Minardi en 1re ligne – celle de Pierluigi Martini –, et un jeune Français en 2e ligne – Jean Alesi – dans une Tyrrell de l'« Oncle » Ken. Ce dernier n'a que 8 Grands Prix au compteur mais possède un joli coup de volant et le tracé de Phoenix lui permet de se mettre en valeur, alors que Tyrrell n'est plus un top team depuis longtemps.

Dès le départ, Alesi se fait remarquer en profitant des hésitations de Berger, parti en pole position, qui zigzague sur la piste et gêne Senna. Alesi en profite pour changer de trajectoire et, grâce à un freinage osé, faire l'intérieur à l'Autrichien. Il est en tête, devant Berger, De Cesaris, Senna et Martini. Et il s'échappe, car Berger n'arrive pas à faire monter ses pneus durs en température. Alesi a bientôt Senna derrière lui, mais tient bon la barre. Au 9e tour, Berger rate son freinage et tape dans les pneus, il rentre au stand et repart, sa McLaren étant intacte. Le duel entre Alesi et Senna peut commencer… Au 20e tour, le Brésilien revient sur le Français, gêné par le trafic et ses pneus Pirelli en fin de vie. Au 34e tour, Ayrton est tout près de le dépasser au freinage, mais Alesi résiste très habilement. Au 35e tour, le Brésilien réussit sa manœuvre, et commence à prendre un peu d'avance, car le Français décide de ménager ses pneus. L'écart se creuse et Senna finit par l'emporter, mais tout le monde se souviendra de ce joli duel de la mi-course entre le champion et le jeune pilote. Au 72e tour, Senna passe le premier sous le drapeau à damier, avec 8 secondes d'avance sur Alesi, qui monte sur son premier podium de F1. Il y en aura 31 autres, chez Tyrrell, Ferrari et Benetton.

Par sa virtuosité et sa combativité, Jean Alesi a épaté tout le monde. Sa longue passe d'armes avec Senna restera dans les annales. « Senna avait le sens de la course, il sentait quand il allait se faire doubler. Il n'insistait pas plus que ça, ou il insistait correctement. Donc s'il y avait une ouverture, on savait qu'on pouvait se jeter dedans, et ça passait », se souvient le jeune héros du jour. Il est comblé par sa 2e place. Il n'y aura qu'un bémol à cette journée très réussie, dans l'Arizona, pour Jean Alesi : Oncle Ken (Tyrrell) veut conserver le trophée ! C'est le deuxième en moins d'un an, après la 3e place de Michele Alboreto au Mexique, en mai 1989, au bout de six ans de disette.

Dans sa Tyrrell, Jean Alesi anime avec fougue le GP de Phoenix, manche inaugurale de la saison 1990.

DANS LES COULISSES

LA PASSION DE SENNA POUR LES CORINTHIANS

Ayrton Senna n'a été joueur de football que le temps d'une partie amicale à Bali. Et dire qu'il n'a pas été bon relève de l'euphémisme. Pourtant, il est impossible de dissocier le Brésil et le football. Et enfant, dans sa chambre, Ayrton Senna avait un drapeau noir et blanc : celui des Corinthians, l'équipe phare de São Paulo, et l'une des plus suivies de la planète. Plus de 30 millions de supporters dans le monde à l'époque, dont Senna.

Dans les années 1980, en F3, un cliché célèbre le montre en train de pointer le logo de son club préféré sur son tee-shirt, sous sa combinaison. C'est alors l'apogée de ce que l'on appelle la « démocratie corinthiane ». Le « club du peuple » a en effet instauré un modèle radical, à contre-courant de la dictature militaire du pays. Les décisions du club sont prises collectivement, l'autogestion est orchestrée par un porte-parole ultra-charismatique, le milieu de terrain Sócrates, médecin de profession et capitaine de la Seleção.

Senna n'a jamais caché son amour pour le club pauliste, même s'il était également membre du club des supporters du Belenenses, au sud-ouest de Lisbonne. Il a bien sûr fêté le premier titre de champion du Brésil obtenu par son équipe préférée, en décembre 1990. Vingt ans après sa mort, les Corinthians ont témoigné de l'affection qu'ils lui portaient en entrant sur la pelouse avec une réplique de son casque. Quatre ans plus tard, les joueurs ont porté un maillot spécial reprenant les couleurs de Senna chez Lotus en 1985-1986. Enfin, dans un parc à côté du siège des Corinthians, un casque du Brésilien repose sous verre, accompagné d'une plaque indiquant : « Dans la poitrine du pilote froid et courageux battait un cœur corinthien. »

MCLAREN MP4/5B

La McLaren MP4/5B ne révolutionne pas le monde de la F1. Dans les faits, elle n'est qu'une évolution de la MP4/5 de la saison précédente, qui l'avait emporté 10 fois sur 16. Pourquoi changer une recette qui gagne alors que la règlementation technique a peu évolué ? Les moteurs atmosphériques sont au point, l'ingénieur britannique Neil Oatley et ses collègues se sont donc concentrés sur l'aérodynamique et ont apporté plusieurs corrections du côté des pontons, des radiateurs et de la boîte de vitesses. À l'aube de la décennie, ils ont aussi travaillé sur un diffuseur arrière pour générer plus d'appui. Les résultats sont encourageants en soufflerie. Mais, sur la piste, la voiture se révèle instable. Cette solution technique est abandonnée dès le GP d'Allemagne. D'autres corrections sont apportées en milieu de saison, sur le fond plat, la puissance et le poids. Pour le plus grand bonheur de Senna et Berger, longtemps frustrés de devoir conduire une voiture nerveuse et aussi inconfortable. Exemple le plus probant : la longueur des jambes de Berger amène McLaren à devoir refaire le cockpit de la McLaren MP4/5B afin que l'Autrichien bénéficie d'un semblant de confort.

Côté technique, le châssis de cette auto est plus résistant car le type de carbone utilisé a changé. Le moteur de 700 chevaux, le 3,5 L Honda RA100E, la propulse idéalement, même si certains s'inquiètent des progrès de la concurrence. Notamment du côté de Ferrari, qui bénéficie dorénavant du pilotage soigné d'Alain Prost et des compétences avérées d'un ancien de la maison McLaren, Steve Nichols, parti avec le Français. Senna collabore avec Honda pour que les problèmes de fiabilité du moteur nippon soient limités. Le bourreau de travail brésilien est écouté. Et heureusement : avec cette voiture flanquée du numéro 27, il va remporter son deuxième titre mondial et asseoir sa réputation de pilote hors pair, même si cette McLaren MP4/5B ne restera pas vraiment dans les annales.

GRAND PRIX DU CANADA À MONTRÉAL : UNE GESTION EXEMPLAIRE

Ayrton Senna aborde le GP du Canada soucieux. À Monaco, deux semaines plus tôt, il a entendu un son bizarre venant de son moteur Honda. Et même si sa victoire l'a apaisé, il est inquiet. Ron Dennis résume la situation : « Senna jure que le bruit venait du moteur, mais Honda, apparemment, n'est pas d'accord. » Une situation délicate amplifiée par des discussions en coulisses concernant son renouvellement de contrat chez McLaren… Senna est également troublé par un début de flirt supposé avec Ferrari, qui tente d'attirer le Brésilien vers la Scuderia pour 1991. Mais Ron Dennis ne veut pas en entendre parler : « Nous pouvons lui montrer la différence entre gagner et perdre », déclare-t-il aux journaux brésiliens. Dont acte : les deux McLaren dominent la concurrence tout le week-end. Roi des qualifications, Senna rajoute une pole position à son palmarès, sur le sec. Mais le départ, dimanche, est donné sous la pluie. Troublé par les conditions, Gerhard Berger vole le départ et dépasse son coéquipier. Conséquence : pénalité d'1 minute pour le nouveau pilote McLaren. Senna reprend sa position initiale, suivi par Berger, sur une piste qui sèche. C'est un cavalier seul et Senna laisse son coéquipier devant après la valse des arrêts aux stands, bien conscient que cette victoire lui est promise. Mais il n'est pas serein. En sortant d'un virage, il passe le premier rapport et fait état par la suite « d'un grand bruit angoissant ». La première ne fonctionne plus, comme déjà au *warm-up*, momentanément. Il adapte aussitôt son pilotage pour éviter de forcer sur la transmission et ne se sert plus que de son deuxième rapport, en entrée et sortie de virage. Il gagne quand même, devant Piquet et Mansell. Pour le Brésil, c'est jour de fête, car ce doublé des Brésiliens se produit peu avant le début de Brésil-Suède au Mondial de football 1990. La Seleção l'emportera 2-1, à Turin.

Plus tard, vers 20 h, le Dr Jacques Dallaire, qui a suivi de près la préparation physique et mentale de Senna, est témoin d'une scène cocasse. Alors qu'il marche sur le circuit, il aperçoit une voiture de série qui roule lentement. La nuit tombe, l'auto s'arrête à sa hauteur. Le conducteur sort : « C'était Ayrton ! Il m'a dit : "Je n'étais pas satisfait de la façon dont j'avais piloté dans quelques virages. Je voulais rouler encore pour repérer les petites choses à faire pour aller plus vite." C'était incroyable : ce garçon rendu au sommet de son sport faisait encore le tour du circuit, dans une voiture de location, alors que tout le monde était parti, et la course finie. Juste pour s'améliorer en vue de la course de l'année suivante. »

En pleine brouille avec Honda, Senna domine de la tête et des épaules le GP du Canada 1990.

Senna a marqué de son empreinte la saison 1990 de F1.

GRAND PRIX D'ITALIE À MONZA : LA FAUSSE PAIX

Sur le circuit de Monza, le cœur des *tifosi* ne bat que pour Ferrari, en général. Mais certains fans n'hésitent pas à acclamer le Brésilien, qui n'y est pas insensible : « Tu entends comme les tribunes m'applaudissent et me soutiennent ? Un jour, quand je courrai pour Ferrari, leur enthousiasme n'aura pas de bornes ! », confie Senna à un journaliste local. On dirait bien qu'il a une idée derrière la tête… Dans les médias, Ferrari met le paquet pour la manche italienne. On apporte des améliorations en promettant un moteur plus puissant pour battre les McLaren dans le temple de la vitesse. Senna répond à sa manière en prenant la pole comme en 1989 et en battant le record du circuit. À l'extinction des feux, sa McLaren décolle idéalement, alors que Prost se fait dépasser par Berger, puis Alesi. Et la course s'arrête dès la fin du premier tour, car la Lotus de Derek Warwick est sortie à la Parabolica. Nouveau départ donc, avec « Jean d'Avignon » – comme certains journalistes appellent Jean Alesi –, qui a des origines italiennes et semble capable de perturber les pilotes McLaren.

Bien aidé par son coéquipier, Senna s'échappe, mais Prost arrive à revenir en deuxième position. S'ensuit une course où les deux pilotes vont se disputer à coups de meilleurs tours. Mais à la fin, c'est Senna qui remporte une victoire qu'il attendait depuis 1987. Certains médias parlaient d'une « malédiction de Monza ». Elle est désormais brisée, même si le fier Ayrton n'y a jamais cru : « Les gens de Ferrari riaient de nous, disaient qu'ils allaient être les plus rapides aux essais, que nous ne gagnerions pas en course. Je voulais vraiment gagner », raconte-t-il aux journalistes. Les *tifosi* se consoleront avec la deuxième place de Prost.

En conférence de presse, un événement étonnant se déroule. Carlo Marincovich, un journaliste du quotidien *La Repubblica*, demande directement à Prost et à Senna en italien, langue que les deux pilotes maîtrisent : « Puisque nous sommes en Italie, le pays de l'amour, […] pourquoi ne faites-vous pas un beau geste de paix ici, devant nous tous ? Pourquoi ne vous serrez-vous pas la main ? » L'assemblée est médusée, d'autant qu'en conférence de presse FIA, la langue officielle est l'anglais. Prost lance sa main en direction du Brésilien… qui ne peut la refuser : devant les médias du monde entier, l'image renvoyée

Un bon résumé de la saison 1990 de F1 : Senna devant, les autres derrière…

serait catastrophique. La symbolique est belle, même si certains journalistes ont de légers doutes. Quelques jours plus tard, le journaliste italien Leo Turrini rencontre Ayrton Senna avec son père Milton, à l'aéroport de Lisbonne. Il rapporte la curieuse déclaration que Senna lui fait alors : « Il m'a dit : "C'était une fausse paix. Je me méfie de Prost et si, pour remporter le championnat, je dois le sortir de la piste, je le ferai." J'ai écrit cette histoire dans mon journal le lendemain, mais personne n'y croyait ». Un mois et demi plus tard, à Suzuka, Leo Turrini mettra des images sur cette phrase prémonitoire.

Avec ses ingénieurs, Senna – animé par sa quête opiniâtre de la plus grande rapidité – examinait dans le détail chaque information liée au comportement de sa monoplace.

J'ai toujours pensé qu'Ayrton était le meilleur pilote de l'histoire de la F1.

GERHARD BERGER

PERSONNAGE-CLÉ

GERHARD BERGER, LE FARCEUR ÉCLECTIQUE

Gerhard Berger avait beaucoup de talent, la preuve : il a quand même remporté 10 Grands Prix de F1 sur les 210 dont il a pris le départ entre 1985 et 1997. Il a piloté pour ATS et Arrows au début, puis pour trois top teams : Ferrari, McLaren et Benetton. Il est monté deux fois sur le podium final du Championnat du monde de F1. Il a surtout couru à une époque où le plateau était particulièrement relevé. Notamment face à des rivaux qui s'appelaient Alain Prost, Ayrton Senna, Nelson Piquet, Nigel Mansell, puis Michael Schumacher.

Quand il est arrivé chez McLaren, c'était pour succéder à Prost, parti chez Ferrari après deux saisons de rivalité féroce avec le Brésilien. Du coup, tout est devenu plus calme chez McLaren, et Berger a accepté son statut de pilote numéro 2. « Honnêtement, je pense qu'Ayrton était tellement fatigué et abîmé par sa période douloureuse avec Alain, par tous ces combats, toutes ces polémiques, a raconté Gerhard Berger au photographe Dominique Leroy. Donc, après Alain, Ayrton se fichait pas mal de qui serait son prochain coéquipier. Il n'a pas donné son avis, il voulait juste que ça change. De mon côté, je l'ai étudié en détail, car je voulais le battre, et j'ai appris qu'il n'y avait que très peu de domaines, et même peut-être aucun, dans lequel il était possible de le battre. Il était quasiment parfait – discipliné, concentré, très intelligent et très talentueux –, il avait beaucoup d'expérience de la F1 et il n'avait pas de faiblesse. Un peu comme Prost. Quand je suis arrivé en F1, je pensais que j'allais pouvoir battre tout le monde. Mais j'ai appris plus tard, quand on était tous les deux chez McLaren, qu'on ne faisait pas partie de la même catégorie. Il évoluait dans une autre dimension. Il pilotait d'une manière très intense, extrême. Sa concentration était fantastique. »

Alors, qui était le meilleur, Senna ou Prost ? « J'ai toujours pensé qu'Ayrton était le meilleur pilote de l'histoire de la F1. Je ne peux pas comparer avec Fangio et Jim Clark, car c'était une autre époque. Mais Senna s'est battu contre beaucoup de pilotes très forts, comme Prost, Piquet, Mansell, etc. Mon jugement est aussi un peu émotionnel, car c'était mon ami. Et quand je parlais avec Bernie Ecclestone, on était d'accord entre nous : le titre de meilleur de tous, ça se jouait entre Ayrton ou Alain. Car Alain a dû se battre énormément pour en arriver là. Il a remporté quatre titres mondiaux. Et il a souvent terminé 2e du championnat. »

Ceci dit, il y avait un domaine dans lequel Berger était le pilote numéro 1 de l'écurie de Ron Dennis : la blague. La preuve ? Un jour, en sortant d'un palace, les deux pilotes embarquent dans un hélicoptère au bord du lac de Côme. Comme toujours, Ayrton emporte avec lui sa mallette en carbone parfaitement rangée, qui ne le quitte jamais. Comment aurait-il pu imaginer que Gerhard oserait la jeter par la portière de l'hélico au moment du décollage, pour en « éprouver la solidité » ? Ce premier épisode signe le début d'une escalade comique entre les deux hommes, avec l'insertion de fromage dans la climatisation de la chambre de Berger et l'introduction de grenouilles dans celle de Senna en Australie. Les deux gars s'entendaient comme larrons en foire et rien n'est jamais venu troubler leur complicité. Jusqu'à un cadeau royal, au GP du Japon 1991, quand Senna, assuré de son troisième titre mondial, a remercié son fidèle lieutenant en lui offrant la victoire, sur un plateau, au dernier tour. L'Autrichien revient sur cette complicité : « On s'est bien marrés ensemble, mais je n'aime pas trop en parler, car je préfère parler des courses : c'était très dur, on était souvent à la limite, très professionnels, c'était intense. Quand on parle des plaisanteries, les gens pensent qu'on ne faisait que s'amuser, mais en fait c'était pour compenser, pour se changer les idées. Car se battre contre Ayrton, dans la même voiture, c'était le plus gros défi qu'on pouvait relever à cette époque, et tous les pilotes qui ont été ses coéquipiers peuvent le dire. Je plaisantais toujours avec lui, car il aimait lire la Bible avant les qualifications et les courses. Moi je lui montrais *Playboy*, c'était ma Bible à moi. Et je lui disais : "Explique-moi, tu lis la Bible et après, au premier virage, si je suis devant toi, tu vas me monter dessus ?" C'est juste que quand il mettait son casque, il oubliait tout. Il y avait deux Ayrton… »

TIO PEPE
TIO PEPE

Marlboro
HONDA
Shell
27

GRAND PRIX D'ESPAGNE : UNE 50E POLE POSITION MALGRÉ L'ÉMOTION

Il fait beau sur le circuit de Jerez de la Frontera ce 28 septembre 1990. Mais, nonobstant le beau temps, ce week-end de Grand Prix commence d'une bien inquiétante manière. À 13 h 51, la Lotus de Martin Donnelly se disloque presque entièrement dans le rail de sécurité. Sous la force du choc, l'Irlandais est projeté à quatre mètres de la zone d'impact. Il gît comme un pantin désarticulé. On craint le pire après ce choc à 200 km/h, qui rappelle les images du décès de Gilles Villeneuve en 1982. Ayrton Senna est choqué par ce qu'il voit. Leo Turrini se souvient de la scène : « À cette époque, les contrôles de sécurité en Formule 1 n'étaient pas aussi stricts qu'aujourd'hui. Un groupe de journalistes dont je faisais partie s'était rendu sur les lieux de l'accident. Nous y avons rencontré Ayrton. C'était le seul pilote à y être allé. » Puis Ayrton prend la direction du centre médical et suit de très près les actions réalisées par le neurochirurgien Sid Watkins pour aider le pilote blessé. Le Brésilien connaissait Donnelly, notamment pour l'avoir croisé en Formule 3. D'après Alberto Sabbatini, autre journaliste italien, il va d'ailleurs « mettre ses bras autour de son cou, comme s'il voulait le protéger ». Pendant un instant, il envisage de ne pas courir, trop touché par ce qu'il a vu. Le lendemain, pourtant, il arrive à décrocher sa 50e pole position, mais ne peut contenir ses larmes en conférence de presse. « Cette pole sera inoubliable pour moi [...] C'était difficile de comprendre et d'assimiler ce qu'il s'est passé », déclare-t-il devant les micros. Sa position de départ offre à Senna une chance de remporter le Championnat du monde en terre espagnole. Il faut « juste » qu'il termine premier. Mais un souci de radiateur le force à abandonner et le pilote McLaren laisse la victoire à Alain Prost. Tout ce petit monde se donne rendez-vous trois semaines plus tard à Suzuka. Et, rétrospectivement, tous étaient loin de s'imaginer ce qui allait se produire sur le circuit de Suzuka-Mie.

En haut : sur le circuit espagnol de Jerez de la Frontera, les Ferrari d'Alain Prost et de Nigel Mansell vont bien trop vite pour Senna, et décrochent le deuxième doublé de la saison.

En bas à gauche : la McLaren MP4/5B est d'une extrême rapidité : 50e pole position de la carrière de Senna, au GP d'Espagne.

En bas à droite : un souci de radiateur empêche Senna de terminer le GP d'Espagne 1990. Tant mieux pour Riccardo Patrese, 5e dans sa Williams.

Ci-contre : après son accrochage avec Prost dès le premier virage du premier tour à Suzuka, Senna reprend à son rival français le titre de champion du monde. Les deux pilotes rentrent aux stands à pied, sans prononcer un mot.

À droite en bas : Andrea De Cesaris, le pilote aux 147 abandons en F1, contemple les restes de la McLaren de Senna et de la Ferrari de Prost après leur accrochage.

GRAND PRIX DU JAPON À SUZUKA : LA VENGEANCE EST UN PLAT QUI SE MANGE FROID...

Suzuka accueille encore une manche décisive, un an après l'accrochage de 1989. Sur les terres de Honda, l'équation est simple : si Prost ne termine pas, Senna sera champion, avant même la finale en Australie. Mais ce dernier est perturbé. Aux essais, il fait un tête-à-queue et rate des passages de rapports, alors qu'il bénéficie de la dernière version du moteur Honda, plus légère. Il a un moteur pour les essais libres, un autre pour les qualifications, et encore un autre pour la course. La tension entre Prost et Senna est palpable. Beaucoup se posent la question de savoir s'il y aura un nouvel accrochage. Alors que des journalistes discutent de la pole position et du premier virage, Senna leur assène : « C'est impossible de dépasser ici. Si Prost essaie, nous serons face à une situation difficile. » La séance de qualifications donne un avant-goût de la course. Entre Senna et Prost, on se rend coup pour coup, chrono pour chrono, mais Senna est encore une fois le plus fort. Bien joué... ou peut-être pas. Le Brésilien observe que la pole position est placée à droite de la piste, sur le côté dit « sale ». L'impulsion, aussi bonne soit-elle, ne lui garantira pas forcément de garder sa place. Prost partira du côté dit « propre ». Senna insiste auprès de la direction de course pour changer l'emplacement de la pole. Rien n'y fait. Pour remettre de l'huile sur le feu, Piquet reparle de la chicane Casio, celle qui avait coûté le titre à Senna, il y a un an. Il veut que la chicane soit « ouverte ». Les autres pilotes l'approuvent, au grand dam de Senna, qui s'énerve et quitte le briefing très remonté. La scène est capturée par la télévision japonaise. Les nerfs d'Ayrton sont à fleur de peau. Il l'expliquera plus tard : « Je me suis fait baiser (sic) trop de fois par le système, alors je me suis dit : aujourd'hui, ce n'est pas possible, ce sera à ma manière. »

Au départ, comme présagé, Prost prend le meilleur sur Senna et aborde le premier virage. Senna, toujours à l'intérieur, ne ralentit pas... et percute l'arrière de la Ferrari du Français. Le Championnat du monde 1990 se termine 9 secondes après le départ de l'avant-dernière manche. Le Brésilien décharge sa colère et sa frustration sur la voiture italienne et les deux monoplaces terminent dans le mur de pneus. Ils sortent de leur cockpit, leurs regards ne se croisent pas. Prost renonce à « mettre son poing dans la figure » de Senna. Son grand rival rentre la tête basse aux stands après cet « hara-kiri » en mondovision. Connu pour être tantôt flamboyant, tantôt rugueux, Senna vient de montrer, devant ses fans japonais qui le vénèrent, son côté le plus sombre. Le reste de la course est anecdotique. Piquet l'emporte et le héros local, Aguri Suzuki, monte sur le podium (3e). McLaren remporte aussi le titre mondial des constructeurs, devant Ferrari. Mais en ce dimanche 21 octobre 1990, c'est toute la Formule 1 qui a perdu.

Marlboro
HONDA
NACIONAL

Marlboro

EN PISTE POUR LE TITRE 1990

McLaren et Senna ont mis toutes les chances de leur côté pour battre Prost et Ferrari, jusqu'au dénouement controversé de cette rivalité hors norme au GP du Japon 1990.

Ci-dessous : dans son monde fait de vitesse et de précision, Senna ne laissait rien au hasard. Et après avoir enfilé son casque jaune, le Brésilien devenait totalement imperturbable.

À droite : trois combinaisons rouges sur le podium mais, malgré leur attachement à Prost (2e, sur la gauche) et à Ferrari, les *tifosi* congratulent aussi Senna et Berger (3e, sur la droite), qui a piloté pour Ferrari.

LES STATS DE SENNA 1990

GRAND PRIX	QUALIFICATION	COURSE
ÉTATS-UNIS	5e	VICTOIRE
BRÉSIL	POLE POSITION 43	3e
SAINT-MARIN	POLE POSITION 44	ABANDON (JANTE)
MONACO	POLE POSITION 45	VICTOIRE
CANADA	POLE POSITION 46	VICTOIRE
MEXIQUE	3e	20e (CREVAISON)
FRANCE	3e	3e
GRANDE-BRETAGNE	2e	3e
ALLEMAGNE	POLE POSITION 47	VICTOIRE
HONGRIE	4e	2e

GRAND PRIX	QUALIFICATION	COURSE
BELGIQUE	POLE POSITION 48	VICTOIRE
ITALIE	POLE POSITION 49	VICTOIRE
PORTUGAL	3E	2E
ESPAGNE	POLE POSITION 50	ABANDON (RADIATEUR)
JAPON	POLE POSITION 51	ABANDON (ACCROCHAGE AVEC PROST)
AUSTRALIE	POLE POSITION 52	ABANDON (ACCIDENT)

CHAMPION DU MONDE

78 POINTS, 6 VICTOIRES, 11 PODIUMS, 10 POLE POSITIONS

9

SENNA AU SOMMET

3e TITRE MONDIAL

L'EMBELLIE FERRARI, C'EST FINI. EN TOUT CAS, TEMPORAIREMENT, ET ALAIN PROST NE PEUT RIEN Y FAIRE.

La Scuderia rate la saison 1991 dans les grandes largeurs. Une catabase qui a été précédée par l'accrochage de Suzuka à la fin de la saison précédente. Aucun des deux pilotes français de Ferrari, que ce soit Alain Prost (5e du championnat, 5 podiums) ou Jean Alesi (7e), ne réussit à remporter la moindre course. L'équipe de Williams-Renault prend le relais, grâce surtout à Nigel Mansell, qui mène la vie dure aux pilotes McLaren. L'Anglais remporte cinq courses en tout, dont trois d'affilée au cœur de l'été (les Grands Prix de France, de Grande-Bretagne et d'Allemagne), pour revenir à huit points du Brésilien, qui a raflé les quatre premières manches. Mais il craque au Japon, échouant dans le bac à graviers dès le 10e tour. De quoi assurer un troisième titre mondial à Senna, à une course de la fin de saison et encore une fois au Japon où le Brésilien est devenu une idole. Le score final est lourd au niveau des points (96 à 72), mais pas en nombre de victoires (6 pour Senna, 5 pour Mansell). Le principal mérite du Brésilien, c'est d'avoir conquis ce nouveau titre avec une monoplace tout sauf dominante et en remplissant son cahier des charges habituel : beaucoup de pole positions (8) ainsi que le plus de victoires (7) et de podiums (12) possibles, vu le niveau de la concurrence. On ne le sait pas encore, mais c'est le début d'un déclin de McLaren, selon la loi des cycles qui a toujours marqué la F1. Senna qui a coiffé trois couronnes en quatre saisons est devenu l'égal des plus grands, dont Alain Prost, qui reprendra une longueur d'avance deux ans plus tard. Pour toujours.

En 1991, la pluie n'empêche pas Senna de faire des étincelles, et malgré la concurrence des Williams-Renault il décrochera son troisième titre de champion du monde, devant le pilote britannique Nigel Mansell.

COURSE APRÈS COURSE

1991

GRAND PRIX DU BRÉSIL : LA PREMIÈRE ET LA PLUS BELLE

Gagner à la maison : tel est le souhait de Senna depuis longtemps. Dès ses débuts en F1, en 1984, il rêve d'une victoire dans son pays, dans sa ville. Ce week-end débute dans des conditions météo typiques du GP du Brésil : la pluie si caractéristique et romantique – dénommée *chuva* dans la langue de Vasco de Gama – s'invite. Senna y est comme un poisson dans l'eau, bien qu'il n'affectionne pas cette météo. Nuno Cobra, son préparateur physique et mental historique, raconte : « Je demandais à Ayrton : "Comment fais-tu pour courir sous la pluie ? Tu y vois quelque chose ? Que fais-tu pour prendre une telle avance en course ?" Il me répondait : "Je déteste ça. Je ne fais que suivre les traces de pneus, mais je ne vois rien !" » Le Brésilien sait pertinemment que tout le monde aura les yeux rivés sur lui pendant trois jours. Et, comme touché par la grâce, il éclabousse de son talent et de son courage le circuit d'Interlagos, en commençant fort aux essais : à quelques minutes de la fin de l'une des séances, il demande à ses mécaniciens de durcir les suspensions arrière. Stratégie payante : il améliore son chrono. Selon le Brésilien, cette décision relève de l'intuition. Pour d'autres, c'est celle d'un homme en mission.

Le samedi, en qualifications, Senna subjugue son monde. Encore une fois. Il signe un chrono de 1 min 16 sec 392, à quatre minutes de la fin de séance, et devance Riccardo Patrese de presque 4 dixièmes. Il distance de près d'1 seconde à son coéquipier Gerhard Berger. En témoigne une photo de Nigel Mansell, pris la bouche grande ouverte alors qu'il aperçoit sur les écrans de contrôle le temps du Brésilien. En 1986, Senna avait fini 2e à Jacarepaguá, sa meilleure performance jusqu'à ce jour dans son GP national, derrière son grand rival Nelson Piquet. Son attente et sa frustration sont d'autant plus grandes que Prost s'est déjà imposé six fois en terre brésilienne.

Ayrton Senna s'installe dans son baquet et demande à son équipe d'ultimes ajustements avant de s'élancer sur la piste.

Le regard déterminé d'un homme qui deviendra bientôt une légende absolue de la F1. Avant de démarrer le moteur de sa McLaren, Senna n'a qu'un seul objectif en tête : remporter la course.

Cette victoire si désirée, il va pourtant devoir aller la chercher au bout de son âme. À 71 tours du bonheur ultime, Senna prend le départ de « son » Grand Prix en pole position, pour la cinquième fois. En espérant une issue plus heureuse que par le passé. À Interlagos, l'asphalte est sec au départ, mais les météorologues prévoient de potentielles averses pouvant chambouler l'épreuve. Devant son public, le départ du Pauliste est parfait. Il prend les commandes de la course très rapidement et ne les lâche pas, même sous la menace des Williams de ses poursuivants Mansell et Patrese.

À 20 tours de la fin, il perd momentanément le quatrième rapport de sa McLaren. À 7 tours, il perd la deuxième, la troisième et la cinquième vitesses. Un cauchemar alors que la victoire lui tend les bras. Steve Hallam, ingénieur chez McLaren, était sur la murette de stands d'Interlagos. Il se souvient très bien de ce moment : « Il est resté calme au début. Mais, sur le muret, nous étions tous anxieux. Nous ne pouvions pas voir grand-chose, ni comprendre ce qui se passait. Quand un pilote annonce qu'il a ce type de problème, avec une boîte de vitesses manuelle, il a une certaine idée de ce qu'il peut faire. Ayrton a été capable de

trouver la force nécessaire pour continuer à maintenir la voiture sur la piste. Il a su utiliser davantage les freins pour essayer de “sauver” la boîte de vitesses. Je ne pense pas qu’il y ait jamais eu un meilleur pilote qu'Ayrton dans ce domaine. Pour beaucoup de pilotes, cette situation aurait été la fin du monde. »
Sur *Rede Globo*, personne ne se doute de ce qui est en train de se passer. Et tant pis si la chaîne locale se fait critiquer pour ne montrer que la McLaren de son héros. Sur l’ancienne chaîne la Cinq, Patrick Tambay et Jean-Louis Moncet sont les seuls à deviner ce qui se passe, car ils ne voient pas Senna rétrograder sur les caméras embarquées. Une observation récompensée plus tard par le président de la FISA Jean-Marie Balestre, présent comme invité dans le studio, qui offrira à la chaîne l’exclusivité de la diffusion du briefing des pilotes du GP de Saint-Marin.

Retour à la course où Senna se bat contre sa voiture et d’affreuses douleurs aux mains et au dos. Une situation qu’il a déjà vécue par le passé et que Nuno Cobra lui a appris à gérer. L’entraîneur du Pauliste se souvient : « Il a acquis une profondeur mentale que peu de gens, aussi sportifs soient-ils, atteignent. Il est entré dans une zone de contrôle mental unique et très puissante. Ayrton cherchait cela au plus profond de son âme, de son être. Il cherchait toujours à se dépasser, et pouvait continuer à conduire même à bout de force dans ses bras et sans avoir le moindre souffle. »

Les derniers tours sont éreintants. Senna demande la position de ses poursuivants et crie. Puis, comme un signe des cieux, la pluie arrive. Les positions sont figées. Patrese est trop loin et ne peut plus l’emporter. « Je me souviens qu'il a demandé de l'aide à la radio. Il souffrait beaucoup. Le problème pour lui était qu'il était si proche de la fin [de la course]. Beaucoup de choses semblaient aller contre sa victoire dans cette course, mais ça a été un triomphe ! En ce qui concerne ses cris, il y avait de la douleur bien sûr, mais aussi du soulagement et la satisfaction de gagner cette course. Il voulait tellement célébrer cette victoire, elle était si importante pour lui », raconte Hallam avec des trémolos dans la voix, trois décennies plus tard. Perclus de crampes, Ayrton est raccompagné à son stand dans la voiture médicale. « Lorsque les derniers tours sont arrivés, je me suis dit : “Si j’y arrive, ce sera avec du sang, de la sueur et des larmes.” Je me suis battu pour cette victoire pendant des années. Cela devait se réaliser. C’est un jour dont je me souviendrai toute ma vie », raconte très ému le « Roi du Brésil », comme le surnomme le lendemain la presse brésilienne.

Les tribunes célèbrent en masse, les commissaires de piste aussi. Sur le podium, Patrese est 2e et Berger 3e. Mais la foule n’a d’yeux que pour son double champion. Il trouve la force – malgré ses grimaces de douleur – de soulever, devant une assemblée complètement acquise à sa cause, l’un de ses plus beaux trophées. Trois jours après son 31e anniversaire, Ayrton Senna vient de réaliser son rêve.

Ci-dessus : en 1991, les rues de Monaco n’ont plus de secret pour le champion du monde brésilien : il remporte pour la quatrième fois de sa carrière le GP de Monaco.

À droite : qu’ils soient sur un yacht ou en tribune, les spectateurs de la principauté sont toujours autant émerveillés par le talent de Senna.

150
Marlboro

En haut : au GP du Mexique 1991, les nombreux artistes du grand cirque de la F1 s'écartent religieusement pour Senna à la fin de son tour de mise en grille.

Ci-contre : Jean Alesi termine dans le mur de pneus lors du *warm-up* et ne pourra pas prendre le départ.

À droite : Senna rafle sept nouvelles victoires lors de la saison 1991 et rapporte à McLaren, pour la quatrième saison d'affilée, le titre mondial des constructeurs.

GRAND PRIX DU MEXIQUE : FRAYEUR ET IMPUISSANCE

Senna débarque au Mexique sa casquette *Nacional* bleue vissée sur le crâne. Objet publicitaire porté en masse dans les tribunes par les *torcidas* du pilote, celle-ci permet au Brésilien de cacher ses dix points de suture à la tête. Une semaine plus tôt, Ayrton a été percuté par un jet-ski chez lui, à Angra dos Reis. Pas vraiment la préparation idéale. Lors des essais, sa série noire continue. Cherchant à faire un meilleur temps que Patrese et Mansell, les pilotes Williams, le Brésilien pousse sa machine au-delà de ses limites et, dans la courbe menant à la ligne droite des stands, il part en tête-à-queue, décolle légèrement et se retourne après avoir tapé dans le mur de pneus. Vingt minutes plus tôt, Bertrand Gachot avait pulvérisé sa Jordan au même endroit. Plus de peur que de mal pour le Brésilien qui s'en sort indemne. Mais les circonstances inspirent aux médias brésiliens de drôles de titres. *O Globo* titre ainsi dans son édition du 16 juin : « La sorcière poursuit Senna ». Dans une interview le même jour, le champion brésilien confie : « La peur fait partie de notre vie. Certains ne savent pas y faire face, d'autres – et je pense que j'en fais partie – apprennent à vivre avec et ne la voient pas comme une chose négative. »

Sur tout le week-end, la McLaren de Senna ne fait pas le poids face aux Williams. De plus, la température extérieure mexicaine ne convient pas au moteur Honda, qui chauffe et baisse en performance. Le risque de casse est élevé, ce qui force Senna à adapter son pilotage. « J'ai dû faire très attention, allant même jusqu'à réduire ma vitesse et sortir de l'aspiration de la voiture devant moi », explique-t-il. Les Williams signent un joli doublé et Senna complète le podium. Il est toujours solide leader du Championnat (44 points contre 20 pour Patrese, son poursuivant le plus proche), mais la fiabilité de la MP4/6 l'inquiète. D'autant que Gerhard Berger a vu son moteur (et sa course) partir en fumée au 5e tour. La joie des quatre victoires enchaînées en début de saison semble déjà bien loin. Et la menace Williams se précise…

ESSAIS PRIVÉS À HOCKENHEIM : UN ACCIDENT TERRIFIANT !

L'accident de Mexico ne constitue pas le seul crash inquiétant de l'été 1991. Le 19 juillet, lors d'essais privés à Hockenheim, Senna est victime d'un accident terrifiant dans la chicane menant au Stadium du circuit allemand. Ce même circuit où il a subi en 1984 sa première grande frayeur. Le retentissement de cet accident subi en ce mois de juillet est tel qu'il fait la une des journaux brésiliens. Et pour cause : à 320 km/h, sa monoplace a heurté un vibreur et décollé après une crevaison à l'arrière. La McLaren a fait plusieurs tonneaux et s'est immobilisée, complètement détruite. On imagine le pire. Par chance, Senna s'en sort avec une épaule luxée et un traumatisme cervical. « J'étais à au moins à cinq mètres du sol, à hauteur d'arbre. Et je me souviens comment mon casque a heurté l'asphalte à plusieurs reprises. Je sais exactement ce que j'ai ressenti et ce que j'ai pensé. J'étais certain que je n'allais pas en réchapper », détaille-t-il après à Karin Sturm, une journaliste allemande.

L'accident a eu lieu dix minutes avant la fin d'une session comptant trois jours de tests. Les observateurs notent que Senna n'a jamais autant travaillé que ces derniers mois pour améliorer sa voiture : en effet, l'idée que Williams surclasse McLaren dans certains domaines de performance exaspère le Brésilien et son équipe. Après un court examen à l'hôpital, Ayrton part avec son père Milton et rentre chez lui à Monte-Carlo. Il appelle par la suite sa mère, Dona Neyde, afin de la rassurer. Mais, intérieurement, il sait qu'en ce 19 juillet 1991, il a frôlé le pire.

Visière baissée, toujours très concentré, Senna continue à marquer l'histoire de la F1 au début des années 1990.

GRAND PRIX D'ALLEMAGNE : PROST SOUS PRESSION, SENNA EN PANNE

Quand Prost arrive à Hockenheim fin juillet, il est sous pression. Umberto Agnelli, le vice-président du groupe Fiat et frère cadet du grand patron, a attaqué ses pilotes français en donnant son avis dans la presse : « Le meilleur pilote, c'est Senna. J'aimerais le voir chez nous. » Pas la formule idéale pour remonter le moral des troupes, qui vivent une saison ratée. Prost réplique : « Ou bien on en revient à des conditions de travail normales, ou bien je quitte Ferrari ! Oui, j'ai un contrat pour 1992, mais si je ne me plais plus ici, je suis prêt à m'en aller. »

En course, ça ne va pas non plus. Au 38ᵉ tour, Prost prend l'aspiration derrière Senna et tente de lui faire l'extérieur à la première chicane. Le Brésilien ne lui laisse pas de place et le Français, trop optimiste, doit bloquer ses freins. Il tire tout droit dans la chicane, rétrograde : son embrayage lâche, son moteur cale. Il sort de sa voiture, très énervé contre Senna qui se gare finalement au 45ᵉ et dernier tour, en panne d'essence, dans la première chicane lui aussi. C'est la troisième victoire d'affilée pour Mansell, devant Patrese (doublé Williams), Alesi et Berger, qui est tombé en panne d'essence pendant le tour d'honneur. Le Britannique revient à 8 points de Senna, Williams dépasse McLaren au classement constructeurs… et le week-end n'est pas fini.

Devant les journalistes, Prost s'en prend à Senna : « Il m'a joué de mauvais tours dans les lignes droites. Il freinait sans raison pour m'obliger à lever le pied. Et puis, avant la chicane, il ne s'est pas gêné pour faire de l'obstruction. » Senna réplique : « Tout le monde connaît Prost maintenant. Il se plaint de sa voiture, de ses pneus, de son équipe, de son essence, des autres pilotes, des circuits... Ce n'est jamais de sa faute ! Aujourd'hui, il a pris beaucoup de risques et il s'est sorti tout seul... » Prost a besoin de faire un break, c'est certain. Il s'apprête à prendre un congé sabbatique en 1992, mais personne n'a encore l'info…

NUNO COBRA, LE CONFIDENT PERMANENT

Physiothérapeute de renom, Nuno Cobra a commencé à suivre Ayrton Senna en 1983, dès le début de sa carrière en F1. Professeur à l'université de São Paulo, il est devenu peu à peu l'un des hommes les plus proches du pilote, au courant de ses moindres faits et gestes, toujours prêt à trouver les meilleures solutions pour que Senna continue à progresser, à s'améliorer, à dominer son sport.

Trente ans ou presque après la disparition du champion brésilien, Nuno Cobra nous a accordé, pour ce livre-hommage, une interview-fleuve, exclusive. Il se souvient de tout, alors il a parlé, longtemps. Morceaux choisis.

LE JEUNE AYRTON SENNA

« Je ne savais pas qui était Ayrton. Je ne le connaissais pas. Il avait environ 23 ans, il était très inhibé, renfermé, et j'avais du mal à établir un contact visuel avec lui. Il semblait très fragile. Ce que j'ai accompli, en transformant un jeune homme extrêmement faible, incertain, nerveux, agité et sans concentration, en phénomène de la Formule 1, est unique dans le monde. C'était une expérience très riche. Je n'avais jamais rencontré d'étudiant comme lui auparavant, doté d'une énergie intérieure aussi extraordinaire. Aucun obstacle ne pouvait l'empêcher d'obtenir ce qu'il voulait. Ayrton était unique. Une énergie dont il ignorait l'existence bouillonnait en lui, et il n'y était pas préparé. »

LES PREMIÈRES COURSES

« La personnalité d'Ayrton était très intense. J'ai vécu avec lui les trois premiers mois [de sa vie] en Angleterre. Après chaque course, il avait une histoire à raconter : une crevaison, une panne de moteur, une casse de boîte de vitesses… Il y avait toujours un problème. Ce qui m'a le plus frappé, c'est l'extrême exigence dont il faisait preuve avec les ingénieurs et les mécaniciens. Je m'occupais de la “machine Ayrton Senna”, tandis qu'ils s'occupaient de sa machine, sa F1. Il me surprenait par les coups qu'il pouvait donner sur la table, par ses cris. Il était toujours très en colère contre toute l'équipe. Avec lui, je quittais parfois l'usine à 23 heures. Il voulait connaître les détails de chaque virage, de chaque tour, de chaque chose, même infime. Il était extrêmement curieux. »

DR AYRTON ET MR SENNA

« J'aimais Ayrton, mais je détestais Senna. Senna était exécrable, très éprouvant, difficile, tandis qu'Ayrton était une personne douce, gentille, délicate et aimable. Le premier était toujours très en colère, irritable, nerveux, triste et bouleversé. Je ne me souviens pas très bien du “Senna“. Ce dont je me souviens très bien, c'est d'Ayrton : il représentait la beauté et la bonté chez un être humain. Comment se faisait le passage de l'un à l'autre ? Par exemple, nous pouvions être en train de converser agréablement, assis dans un environnement magnifique, Ayrton se montrant généreux, poli, gentil. Puis le téléphone sonnait – cétait toujours quelqu'un qui le dérangeait avec des problèmes de suspension, de pneus, de moteur. Il raccrochait le téléphone et se transformait alors en démon, en horrible Senna. Ayrton était donc une personne charmante, mais Senna était troublé parce qu'il devait produire des résultats, et dépendait d'éléments échappant à son contrôle. Il ressentait une pression constante. »

LA VIE HORS DES CIRCUITS

« Je me souviens avec tendresse des sorties sur son yacht. Dans ces moments-là, il laissait Senna derrière lui. Je lui disais : “Ayrton, as-tu bien fermé la porte ? L'as-tu bien verrouillée et tourné la clé deux fois, pour que ce foutu Senna ne s'en prenne pas à nous ?” Ensuite, il jetait l'ancre et nous sautions du bateau pour aller nager – ce qui m'inquiétait souvent, car il s'éloignait très loin de la côte. Enfin, on préparait ensemble quelque chose à manger. Ces moments étaient magiques, délicieux, inoubliables. Il possédait aussi un court de tennis en Algarve. Quand Senna était agité et qu'il me dérangeait dans le salon, j'avais trouvé une parade pour faire revenir Ayrton : je proposais une partie de tennis. Il était fou de ce sport. Je me souviens que je courais comme un fou sur le terrain et que je lui renvoyais la balle directement dans sa raquette. Nous jouions au tennis pendant des heures. Il se transformait alors et le merveilleux Ayrton faisait son retour. Le tennis était notre arme pour ramener Ayrton et renvoyer Senna au loin. »

En haut : le système de télémétrie de l'époque, déjà très performant, permettait à Senna de demander inlassablement des améliorations à toute l'équipe McLaren lors des séances de qualification.

En bas : Champagne ! Senna et Prost ont fini 1er et 2e du GP des États-Unis sur le circuit en ville de Phoenix, et bien entamé leur saison 1991.

GRAND PRIX DU JAPON : SENNA CHAMPION, CADEAU ROYAL POUR BERGER

Senna débarque à Suzuka muni de 16 points d'avance sur Mansell, qui n'a plus qu'un mince espoir – mathématique – de premier titre mondial. Il faut en effet que le leader de Williams gagne et que Senna ne monte pas sur le podium pour que le suspense se prolonge jusqu'en Australie. Sur la grille de départ, les deux McLaren sont devant, mais Berger est en pole – car « il a trouvé de meilleurs réglages que moi », résume Senna. Et Mansell est juste derrière eux, grâce à son troisième chrono des qualifications. Tout est donc possible, sauf qu'au 10e tour, le Britannique, bien calé à la 3e place derrière Berger et Senna, se déporte vers l'extérieur de la trajectoire dans le premier virage, perd le contrôle de sa monoplace, glisse sur la partie sale de la piste et termine dans le bac à graviers. Le championnat est joué : Senna est sûr de son troisième sacre, même s'il ne termine pas ce GP du Japon.

Comme c'est Suzuka, quelque chose d'inattendu va encore se produire, mais cette fois il ne s'agit pas d'un accrochage.

GERHARD BERGER

« J'avais été d'accord toute la saison pour aider Senna à décrocher le titre de champion du monde, même sans recevoir de consigne de course. Je l'avais toujours aidé, de manière sportive, tout simplement. Et Ayrton l'a apprécié, donc à Suzuka il voulait me rendre quelque chose. J'avais fait la pole et j'étais devant lui, j'avais 10 secondes d'avance, puis j'ai eu un problème mécanique, mon échappement s'est cassé et j'ai dû ralentir. À la fin de la course, j'ai pensé qu'il avait un problème lui aussi, ou qu'il avait peur de tomber en panne d'essence, et je me suis dit : "Tiens, c'est mon jour de chance." Il était très difficile à battre, mais je pense sincèrement que j'aurais pu gagner cette course sans qu'il m'offre la victoire. J'aurais peut-être refusé de la gagner de cette façon si j'avais eu le temps de réfléchir, mais c'est comme ça que ça s'est passé. »

Senna prend tous les risques en 1991, ici à l'attaque en mordant les vibreurs.

MCLAREN MP4/6

« Je ne peux pas piloter une Ferrari donc McLaren m'en a fabriqué une. » Au moment de tester pour la première fois la McLaren MP4/6, Ayrton Senna est d'humeur blagueuse. Il est vrai que ce modèle 1991 rappelle la Ferrari 641 pilotée par Alain Prost l'année précédente. Le long nez et les sidepods présentent des similitudes avec la voiture de Maranello. La venue au milieu de l'année 1990 d'Henri Durand, ex-chef aérodynamicien des Rouges, n'y est pas étrangère. Après des années de développement, Honda insère dans ce modèle un V12 Honda RA121E de 3,5 litres de cylindrée.

Plus lourd et plus gourmand en essence, ce moteur ne convainc pas les pilotes au premier abord. Son poids est tel qu'il porte la voiture à 25 kg au-dessus de la limite de poids autorisée avant le début de la saison ! Pas assez puissant selon les pilotes, ce moteur se rattrape sur le terrain de la fiabilité. Même si, rétrospectivement, Neil Oatley admet que le passage du V10 au V12 était une erreur. « Nous aurions été plus compétitifs si nous avions continué à développer le V10. Le V12 était plus lourd et n'apportait pas beaucoup plus de performances. » L'ingénieur anglais suggère aussi que c'est ce basculement de moteur qui a semé les graines de la domination Williams de 1992. Steve Hallam, ingénieur de Gerhard Berger à l'époque, renchérit : « Nous savions tous que Nigel Mansell et Williams, une fois une certaine fiabilité trouvée, auraient une voiture très rapide. Techniquement, leur voiture était en avance sur la McLaren, dans la mesure où la Williams avait une boîte de vitesses semi-automatique. »

Malgré sa boîte de vitesses en H, Senna arrive tout de même à remporter les quatre premières courses de la saison. Et en dépit des avancées de Williams, McLaren réussit à battre l'écurie de Didcot en proposant une voiture améliorée à partir du GP de Hongrie. Celle qui restera la seule McLaren équipée d'un V12 à avoir gagné un titre mondial permet à Senna de partir 8 fois en pole position et de remporter 7 victoires en 16 courses. C'est avec cette McLaren MP4/6 qu'il égale – entre autres – Jackie Stewart, Niki Lauda et Nelson Piquet. C'est son troisième titre de champion du monde. Le dernier.

En haut : comme à Phoenix en 1990, Ayrton Senna et Jean Alesi côte à côte au GP d'Espagne 1991.

En bas : le GP d'Australie 1991 est l'un des plus courts de l'histoire : après 16 tours, toutes les F1 sont forcées de rentrer aux stands, vaincues par des conditions météo dantesques. Et Senna conclut sa saison par une nouvelle victoire.

À droite : dans la ligne droite des stands du circuit de Barcelone, Nigel Mansell et Ayrton Senna en pleine bagarre, lors d'une séquence entrée dans l'histoire de la F1.

EN PISTE POUR LE TITRE 1991

La saison 1991 d'Ayrton Senna est une saison de référence pour le pilote brésilien. Entre sa première victoire chez lui au Brésil et son troisième titre de Champion du Monde, il inscrit son nom un peu plus dans la légende de la Formule 1.

GOODYEAR
Marlboro
McLAREN INTERNATIONAL
HONDA
NACIONAL
OMP

À gauche : Gagner chez lui, dans sa ville natale, était son rêve. Senna décroche sa première victoire au Brésil sur le circuit d'Interlagos à São Paulo en 1991 devant une foule qui lui est acquise et qui l'a acclamé de bout en bout.

Ci-contre : Ayrton Senna avait un pouvoir de concentration très au-dessus de la moyenne, visible à l'œil nu par le commun des mortels…

LES STATS DE SENNA 1991

GRAND PRIX	QUALIFICATION	COURSE
ÉTATS-UNIS	POLE POSITION	VICTOIRE
BRÉSIL	POLE POSITION	VICTOIRE
SAINT-MARIN	POLE POSITION	VICTOIRE
MONACO	POLE POSITION	VICTOIRE
CANADA	3E	ABANDON (ALTERNATEUR)
MEXIQUE	3E	3E
FRANCE	3E	3E
GRANDE-BRETAGNE	2E	4E (PANNE D'ESSENCE)
ALLEMAGNE	2E	7E (PANNE D'ESSENCE)
HONGRIE	POLE POSITION	VICTOIRE
BELGIQUE	POLE POSITION	VICTOIRE
ITALIE	POLE POSITION	2E
PORTUGAL	3E	2E
ESPAGNE	3E	5E
JAPON	2E	2E
AUSTRALIE	POLE POSITION	VICTOIRE

CHAMPION DU MONDE

96 POINTS, 7 VICTOIRES, 12 PODIUMS,
8 POLE POSITIONS, 2 MEILLEURS TOURS EN COURSE

9

2

DUEL MCLAREN-WILLIAMS

CAMEL
elf
RENAULT
canon
CAMEL
5
Bull

Marlboro
HONDA

FACE À MANSELL ET SCHUMACHER

AVEC LE NUMÉRO 1 SUR SA MCLAREN, AYRTON SENNA, TRIPLE CHAMPION DU MONDE EN TITRE, VA VIVRE UNE SAISON COMPLIQUÉE. EN EFFET, LE PACKAGE À LA MODE, CETTE ANNÉE-LÀ, C'EST NIGEL MANSELL DANS SA WILLIAMS-RENAULT.

Nigel Mansell, qui a longtemps attendu son heure de gloire, pilote la meilleure monoplace du plateau – et il sait s'en servir. Il éteint le suspense d'entrée en remportant les cinq premières manches de la saison, marquant 50 points contre 8 seulement pour le Brésilien, victime d'un gros accident au Mexique. Si sa série victorieuse est interrompue à Monaco (5e victoire de Senna en Principauté), un triplé estival (France, Grande-Bretagne, Allemagne) suivi d'une dernière victoire au Portugal lui assure définitivement ce titre mondial après lequel il courait depuis plus de dix ans. Mansell rafle presque deux fois plus de points que son lieutenant chez Williams, Riccardo Patrese (108 à 56), et Senna doit se contenter des miettes du festin avec trois victoires seulement : à Monaco donc, en Hongrie et en Italie. Trois points devant lui au classement final du championnat, un petit nouveau a commencé à se faire remarquer. Il roule dans une Benetton, il a gagné en Belgique, sur le circuit de Spa-Francorchamps. Il s'appelle Michael Schumacher…

Double-page précédente : le duel à Monaco entre Nigel Mansell et Ayrton Senna tourne finalement à l'avantage du Brésilien en 1992 qui signe sa 5e victoire en principauté !

Ci-dessus : une grande impression de vitesse, y compris dans les stands. Partout où il passait, Senna était très rapide…

COURSE APRÈS COURSE

1992

GRAND PRIX DU MEXIQUE : WEEK-END EN ENFER

Senna est victime d'un accident violent aux essais du GP du Mexique, deuxième manche de la saison. Sa McLaren s'écrase contre le mur après un tête-à-queue dans l'ultime chicane du circuit. Sous la violence du choc, la suspension de la McLaren s'est enfoncée dans le cockpit et elle empêche la jambe gauche d'Ayrton d'être sortie. Senna se retrouve bloqué dans sa McLaren. Les commissaires et le Dr Sid Watkins - le médecin-chef de la FIA sur les circuits - mettent dix minutes à le sortir du cockpit. Une attente interminable pour le Brésilien. Son langage corporel trahit de la panique et de l'inquiétude. « Je pensais que je m'étais brisé les jambes », souligne le pilote plus tard. On se demande l'espace de quelques heures s'il pourra courir le dimanche.

Choqué, mais pas abattu, Senna se classe au 6e rang des qualifications, derrière son coéquipier Gerhard Berger. Ceci le

jour de son 32e anniversaire, dans une monoplace où plusieurs protections supplémentaires ont été installées. Le lendemain, sa course sera très courte. Au 12e tour, sa McLaren s'arrête : la transmission est cassée, alors que la température de l'asphalte atteint 55 °C. Sa série noire mexicaine n'en finit plus. Senna est, comme on peut s'en douter, très mécontent : « Ce n'est plus possible avec cette voiture. Le Championnat débutera pour nous à Interlagos. » Comme en Afrique du Sud, Nigel Mansell et Riccardo Patrese se classent 1er et 2e. Williams et la FW14B annoncent la couleur d'entrée. La McLaren MP4/6B de 1991 va donc être mise au placard plus tôt que prévu pour laisser la place à la MP4/7A au GP du Brésil. Manque de chance, ce modèle 1992 ne brillera pas par ses performances.

À gauche : les ingénieurs de McLaren et Honda écoutent et notent religieusement les remarques de Senna.

Ci-dessus : la McLaren MP4/7A de la saison 1992 ne permettra pas à Senna de faire mieux que quatrième au championnat. Une déception après la saison extraordinaire de 1991.

Agip
Agip
Marlboro
Gatorade

GRAND PRIX DE MONACO : DUEL AVEC MANSELL

Pour la 50e édition du GP de Monaco de F1 et le 20e anniversaire de la présence du groupe Philip Morris en F1, il y a beaucoup de mondanités et de personnalités en Principauté, ce qui n'est pas forcément du goût de Senna. Il y a surtout un leader du championnat du monde, Nigel Mansell, qui rêve de s'imposer pour la première fois sur l'un des terrains de chasse préférés du Brésilien. Et un Senna qui souhaite honorer la mémoire de Graham Hill à sa manière, en le rejoignant au palmarès, avec cinq victoires. Le seul autre quadruple vainqueur du GP de Monaco, Alain Prost, n'est pas là. En congé sabbatique suite à son divorce tumultueux d'avec Ferrari, il vise un baquet Williams pour 1993… et il l'obtiendra.

Sur la piste, comme on pouvait s'y attendre, Mansell se régale. Il bat le record du circuit (1 min 19 sec 495) en qualifications et devient le premier homme à rouler à 150 km/h de moyenne dans les rues de la Principauté. Senna n'est que 3e sur la grille derrière les deux Williams, et compte sur un incident de course pour les battre. Son souhait est exaucé à sept tours de la fin, alors qu'il compte 30 secondes de retard sur le Britannique, dominateur. Mais la Williams tire tout droit à la chicane au 67e tour, et repasse à son stand, repartant avec des pneus neufs – les mécanos et les ingénieurs n'ont rien trouvé d'anormal. La fin de course se révèle somptueuse : Mansell est déchaîné et, au terme d'une folle remontée, il échoue finalement à 215 millièmes du Brésilien, qui signe sa 5e victoire en Principauté.

Au gala du dimanche soir, un autre événement rare et imprévisible se produit. Senna est tellement heureux de sa victoire qu'il décide d'offrir son casque jaune à S.A.S. le prince Rainier, qui se lève de sa table d'honneur pour le remercier. Ce n'est pas prévu par le protocole, mais c'est sobre et sincère. Le résident monégasque honore son souverain, qui est ému, et la salle du Beach Plaza applaudit le champion. Moment de grâce.

À gauche : dans la principauté de Monaco, Senna était l'un des plus habiles pour exploiter au mieux les possibilités de sa monoplace.

En haut : le Brésilien a longtemps vécu à Monaco. Il connaissait par cœur les moindres coins et recoins de la principauté.

DU COCKPIT À LA MANETTE DE JEU VIDÉO

En août 1992, Ayrton Senna prête son image au jeu vidéo *Ayrton Senna's Super Monaco GP II*. Sorti sur les consoles Sega de l'époque – Mega Drive, Master System et Game Gear –, ce jeu propose de rouler sur les circuits de Formule 1 de l'année 1991. Le gameplay du jeu, qui fait figure de « classique » pour les passionnés de l'industrie vidéoludique, est simple et efficace. Avec deux boutons, l'un pour accélérer et l'autre pour freiner, il s'agit de se faufiler parmi ses adversaires pour passer le premier la ligne d'arrivée. Chose incroyable en 1992, Senna intervient de temps à autre pour distribuer conseils et informations sur chaque course au pilote derrière son écran. Mais le but principal reste évidemment de battre le triple champion du monde brésilien. Sorti la même année que *Nigel Mansell's World Championship*, ce jeu ne représente pas la dernière apparition de Senna dans un jeu vidéo. En 1996 et 1998, Senna est, à titre posthume, en couverture du jeu de PlayStation 1 *Ayrton Senna Kart Duel* 1 et 2. Plus récemment, le Brésilien a partagé la couverture de l'édition *Legends* du jeu *F1 2019* avec Alain Prost.

Le GP de France 1992 sera de courte durée pour Senna : quelques virages après le départ, dans la première épingle du tracé de Magny-Cours, sa McLaren est prise dans un accident.

GITANES BLOND
ES MALADIES GRAVES
Mobil 1 Mobil
SASOL
YAMAHA
Tyrrell
Marlboro
HONDA
Shell
GOODYEAR
EAGLE

THIERRY BOUTSEN, L'UN DES PROCHES D'AYRTON...

Le Belge a disputé 163 Grands Prix de F1 entre 1983 et 1992, chez Arrows, Benetton, Williams, Ligier et Jordan. Il était donc aux premières loges pour assister aux grands combats de Senna contre Prost et Mansell, entre autres. Il a noué une véritable amitié avec le Brésilien et le raconte volontiers, trente ans plus tard.

« J'ai son casque à la maison, je pense à lui tous les jours. C'était mon meilleur ami dans le monde de la F1. On pouvait parler de tout, on se voyait souvent en vacances, il aurait dû être le parrain de mon fils. Il croyait très fortement en Dieu, parlait de Dieu quand il gagnait un Grand Prix. Cela l'a certainement aidé à être aussi fort. Il était le seul comme ça et c'était exceptionnel. [...]

Ayrton, c'était le meilleur de tous, mais pas de tous les temps, car on ne peut pas comparer les époques. Il s'est bien battu avec tout le monde – Nelson, Alain, Nigel que j'ai encore vu hier soir, à Monaco. On était un groupe de six ou sept pilotes qui étaient toujours dans les six premiers, mais Ayrton avait quelque chose en plus. Il a dominé son époque, et où qu'on parle de F1 dans le monde, les gens citent Fangio, car il était le premier, et Ayrton. C'était « Magic Senna », à tous les niveaux. [...]

On a vécu une époque où il y avait des garçons très marrants. Ayrton avait un sens de l'humour très poussé, Gerhard était un sacré fanfaron, Nigel et Nelson se chamaillaient tout le temps, et les anicroches entre Ayrton et Alain faisaient qu'on rigolait beaucoup. Une année, on faisait des essais privés à Magny-Cours et on était tous au même hôtel. Il y avait des sapins plantés dans de grands bacs sur le parking, alors on a trouvé une corde et on a accroché tous les arbres au pare-chocs d'Ayrton. Quand il a démarré le lendemain matin, tous les sapins sont tombés sur sa voiture... [...]

À l'époque d'Ayrton, quand on disputait le GP de Monaco, on faisait 4 500 changements de vitesse pendant la course. On terminait la main en lambeaux, avec une grosse cloque au milieu, et on ne pouvait plus conduire pendant quatre ou cinq jours, le temps que les plaies se referment. On n'avait pas de direction assistée, les freins n'étaient pas les mêmes, on avait des turbos très puissants, plus de 1 200 CV de puissance moteur, c'était très différent de maintenant. De nos jours, tout est géré par l'électronique, comme dans l'aviation. La technique domine beaucoup plus qu'avant et ce sont toujours les mêmes qui sont devant, il n'y a presque pas de changement. À ce niveau-là, c'était mieux avant, car on pouvait rattraper son retard, alors qu'aujourd'hui, même un dixième d'écart, on ne peut pas le rattraper. [...]

Ses plans pour l'avenir ? J'imagine qu'il a été tenté par l'idée de faire de la politique, ses proches lui en ont certainement parlé, cela aurait été une suite logique. Mais on n'en a jamais parlé ensemble. Au vu de la détresse du pays et de sa notoriété, on peut dire qu'il était très nettement au-dessus du lot. »

La télémétrie dans les années 1990 en Formule 1 permet à Senna d'emmagasiner un maximum de données avant un tour de qualification.

GRAND PRIX D'ALLEMAGNE À HOCKENHEIM : SCHUMACHER, LE NOUVEAU RIVAL

La première saison complète du jeune Michael Schumacher en F1 lui permet de se mesurer à la référence absolue de la catégorie, Ayrton Senna, et le GP d'Allemagne, à Hockenheim, est l'endroit idéal pour que le jeune Allemand marque son territoire. Il choisit de le faire à 300 km/h, au bout de la longue ligne droite qui commande l'entrée dans le Stadium, en freinant brutalement devant le Brésilien. Senna est furieux et le lui fait savoir, d'abord sur la piste, en roulant roues dans roues avec lui pendant un tour entier, puis à l'arrière du stand Benetton, en bousculant le jeune homme. « La prochaine fois, ce sera la dernière fois », lui dit-il, très énervé.

Jo Ramírez, le coordinateur de McLaren, vient à la rescousse, et des membres de l'écurie Benetton emmènent Schumi pour une interview à la télé allemande. Quand il revient, il est accompagné par son mentor, Flavio Briatore, et Senna lui explique qu'il n'a pas fait exprès de le gêner au Brésil, début avril, et qu'il était juste victime de coupures moteur. À la fin de la journée, Senna est calmé, alors il déclare la fin des hostilités : « Schumacher a du talent, il est au début de sa carrière, il a beaucoup de pression, mais il doit apprendre comment ça se passe en F1. Quelqu'un pourrait être blessé. »

LEO TURRINI

« Senna n'aimait pas Schumacher. Il y a eu cette dispute à Hockenheim, une autre à Magny-Cours après un accrochage au départ. Mais en tant que pilote, Senna avait compris que Michael avait tout pour devenir un grand. Il sentait bien que l'Allemand était là pour le battre, et pas seulement lors d'une course. Donc il n'y a jamais eu d'amitié entre eux. Et il y a certainement eu un respect mutuel. »

LA DÉCOUVERTE DE LA MONOPLACE À LA MODE US

Ayrton Senna dans une monoplace américaine ? C'est arrivé le 20 décembre 1992. Lassé et probablement fatigué de la domination Williams, le Brésilien veut goûter à la saveur du CART – le championnat américain de monoplaces –, dont Emerson Fittipaldi, double champion du monde de F1, est l'un des plus illustres ambassadeurs. Ce dernier propose à Senna un essai à Phoenix avec son écurie, la mythique écurie américaine Penske. Les deux pilotes portent les couleurs de Marlboro, Senna pour McLaren et Fittipaldi pour Penske, l'accord est donc une formalité.

Vers 10 h du matin, Senna et Fittipaldi débarquent en limousine sur le Phoenix Firebird Raceway. Ayrton monte à bord de la Penske-Chevrolet PC-21 après un run d'essai de Fittipaldi. Plus lourde de 200 kg que la McLaren MP4/7A, elle est très rudimentaire en matière d'électronique. Senna apprécie ce retour dans un cockpit où seul le pilotage compte. D'autant plus qu'en coulisses, il profite de ce moment pour semer le doute dans le paddock de F1. En effet, après le départ annoncé de Mansell pour Newman-Haas en CART, il sait bien que la seule star qui reste à bord de la F1, c'est lui. Ce test pas si secret est aussi une manière idéale de mettre la pression sur McLaren afin d'obtenir un salaire plus avantageux.

Le temps de référence est d'abord signé par Fittipaldi : 49,7 secondes. À la fin de la journée, en ayant procédé à quelques réglages, Senna est très satisfait de son meilleur chrono, de 49,09 secondes. Pour sa seule sortie en CART, le Roi du Brésil assène un écart de près de 7 dixièmes de seconde au champion CART 1989, double vainqueur des 500 miles d'Indianapolis. En sortant du cockpit, il s'adresse à l'ingénieur de Penske Nigel Beresford. Ce dernier, désormais *team manager* de l'écurie DS Penske en Formule E, se souvient : « Il m'a dit : “Merci beaucoup. J'ai appris ce que je voulais savoir.” Il a dégrafé son harnais et a sauté hors de la voiture. Il était tout simplement rapide », note Beresford. Roger Penske en était convaincu lui aussi : « Si Senna avait été disponible, on aurait essayé de trouver une solution », lance-t-il, 25 ans après ce test sans lendemain. Le 20 décembre 1992 restera à jamais une parenthèse dans la carrière du triple champion du monde brésilien.

SENNA CONTRE MANSELL

Pendant leurs neuf saisons de rivalité en F1 (de 1984 à 1992), Senna et Mansell se sont souvent livrés à de belles bagarres sur la piste, et le palmarès de l'Anglais est tout sauf ridicule, face à un adversaire d'un tel calibre. Les statistiques témoignent qu'il était bien le troisième homme de cette période dorée de la F1, aux côtés de Senna et Prost.

1984-1992	VICTOIRES	PODIUMS	POLE POSITIONS	MEILLEURS TOURS	TITRES
SENNA	36	73	61	18	3 (1988, 1990, 1991)
MANSELL	30	55	31	29	1 (1992)

PERSONNAGE-CLÉ

NIGEL MANSELL, LE TROISIÈME HOMME

Impossible de faire un livre sur la carrière d'Ayrton Senna sans évoquer Nigel Mansell, ne serait-ce qu'en raison de la concordance des dates et de la phase finale de leur rivalité – avec une conclusion heureuse pour le Britannique. Senna a couru en F1 de 1984 à 1994, remportant 41 Grands Prix. Mansell s'est battu pendant quatorze ans, s'imposant 31 fois, et son palmarès force le respect. Sur ses 31 victoires en F1, 28 ont été obtenues dans des Williams et trois seulement dans des Ferrari. Nigel a connu une première période frustrante, de 1985 à 1987, apparaissant souvent comme un « loser » plutôt sympathique, grand spécialiste des accrochages et des casses mécaniques, mais quand même deux fois vice-champion du monde (1986, 1987), avec dans le dos un moteur Honda. Et une seconde période bien plus gratifiante, grâce au moteur V10 Renault et à la suspension active qui lui ont permis de coiffer, enfin, une couronne mondiale en 1992.

« Ayrton parlait beaucoup de Prost et de Mansell, et il attribuait une grande force à ce dernier. C'était une sorte de triangle : Ayrton, Mansell et Prost. Ayrton disait qu'ils le mettaient parfois en colère, mais ils étaient importants parce qu'ils étaient très bons et le poussaient à exiger plus de lui-même, à donner le meilleur. C'est ainsi qu'il obtenait les meilleurs résultats. » Cette confidence vient de Nuno Cobra, le préparateur physique et mental de Senna. Elle résume bien l'importance de ce second rôle – toujours essentiel dans un bon film – tenu par Mansell pendant plus de dix ans, dont deux saisons pleines chez Ferrari (1989, 1990), ce qui était déjà une forme de consécration pour un pilote anglais.

Mansell se souvient très bien du dimanche 16 août 1992, quand il est devenu champion du monde à cinq courses de la fin de saison, en terminant 2e du GP de Hongrie, derrière Senna. « Sur le podium, Ayrton s'est tourné vers moi et, en posant un bras sur mon épaule, il m'a dit : "Maintenant tu réalises à quel point c'est une sensation agréable, pas vrai ? Tu comprends pourquoi je suis un tel salopard en piste ? Parce que cette sensation est la meilleure du monde." »

En haut à gauche : Un calme olympien avant de faire rugir sa McLaren. Ayrton Senna est un pilote a la préparation méticuleuse qui lui permet de tutoyer les sommets du sport auto.

MCLAREN MP4/7A

La McLaren MP4/7A fait son entrée sur les circuits au Brésil, troisième Grand Prix de 1992. Loin d'être compétitive, elle souffre de la comparaison avec la Williams FW14B et sa suspension active, qui lui assure 10 victoires en 16 courses. D'ailleurs, à l'origine, ce modèle MP4/7A aurait dû débuter à Barcelone, lors du GP suivant. Mais Ron Dennis et ses équipes ont décidé d'avancer l'arrivée du nouveau modèle en assistant, impuissants, aux doublés de l'écurie de Didcot lors des deux premières manches.

Cette McLaren – réalisée par Neil Oatley en qualité de chef designer et par Henri Durand pour l'aérodynamique – est la première équipée d'une transmission semi-automatique. Le choix d'un nez long s'explique par une volonté d'améliorer les performances aérodynamiques. Elle est équipée d'un moteur Honda RA122E, un V12 à 75 degrés, alors que celui de l'année précédente était installé à 60 degrés. Elle bénéficie également d'une innovation supplémentaire : le tout premier système « fly-by-wire ». Cette technologie permet aux pilotes McLaren de garder leur pied sur l'accélérateur même pendant le passage des rapports. Ces innovations sont rendues possibles grâce à un vieil « ami » de McLaren : Techniques d'Avant-Garde (TAG). Le groupe de Mansour Ojjeh, célèbre – entre autres – pour avoir aidé dans les années 1980 l'équipe anglaise avec son moteur Porsche, déploie d'immenses efforts pour réduire l'écart avec le duo Mansell-Patrese. Des tentatives infructueuses face à la toute-puissance de l'écurie de Frank Williams. C'est la fin d'un cycle, et le motoriste Honda va se retirer de la F1 en fin de saison avec, au compteur, 5 victoires de plus (3 pour Senna, 2 pour Berger). Le bilan de l'alliance McLaren-Honda restera phénoménal : 44 victoires en cinq saisons, entre 1988 et 1992. Dont 11 pour Prost, 3 pour Berger… et 30 pour Senna ! Sans commentaire.

GRAND PRIX DE BELGIQUE : LE SAUVETAGE D'ERIK COMAS

Lors du GP de Belgique, le 28 août, Erik Comas est victime d'un accident terrible. Alors qu'il est inconscient, un pilote s'arrête tout de suite pour lui porter secours : Ayrton Senna. Flashback près de trente-et-un ans plus tard avec l'ancien pilote de l'écurie Larrousse et Ligier : « C'était la séance d'essais libres, j'en étais à mon troisième tour. Je glisse sur des graviers dispersés quelques instants auparavant par le Finlandais JJ Lehto et ne peux éviter de percuter à grande vitesse les glissières à Blanchimont. Ce virage, c'est comme celui de Tamburello, à Imola : c'est à fond, un virage à l'aveugle. Sous la violence du choc, je suis assommé par l'une de mes roues. Ensuite, je ne me rappelle absolument de rien : ce sont les commissaires qui me l'ont raconté. »

Quelques secondes plus tard, Senna arrive sur place, avant même les secours. Il entend le moteur qui tourne encore. Erik est inconscient, son pied droit écrase l'accélérateur. Senna court en direction de la monoplace accidentée et parvient à actionner le coupe-circuit. « Il avait compris qu'il y avait quelque chose de grave, il a bravé les dangers et zigzagué entre les F1 qui arrivaient à fond ! », relate Comas. Le triple champion du monde vient, ni plus ni moins, de lui sauver la vie. « Pour nous, Ayrton c'était Dieu. C'est lui qui m'a tiré d'affaire, de conséquences extrêmement graves », explique l'ancien pilote Ligier avant de reprendre, non sans émotion : « C'était une personne généreuse avec les autres. Il m'a vu en danger, il ne s'est pas posé de questions, il n'a pas réfléchi. Il a mis sa vie en danger pour me sauver. Ayrton était comme cela. Aider son prochain, c'était sa préoccupation principale ! »

Plus tard, Sid Watkins détaillera qu'Ayrton a « tenu le cou d'Erik Comas tout le long, en s'assurant que le pilote Ligier pouvait respirer convenablement ». Le lendemain, l'ex-champion de Formule 3000 a l'opportunité de revoir son sauveur : « Lorsque je suis revenu au circuit pour remercier Ayrton, il était encore soucieux pour moi. Il avait raison. J'ai dû attendre deux mois avant d'être pleinement rétabli », se souvient le Français.

Le pilotage de Senna était d'une précision chirurgicale. Chaque virage était calculé, anticipé, négocié et maîtrisé à la plus grande vitesse possible.

GIOVANNA AMATI ET LE GENTLEMAN SENNA

Dernière femme à avoir piloté une F1 lors des essais de trois Grands Prix – en 1992, dans une Brabham à moteur Judd –, l'Italienne Giovanna Amati se souvient du seul pilote à l'avoir saluée lors de son arrivée dans le paddock : Ayrton Senna.

« Je l'avais déjà rencontré à Monaco en 1985, quand il était le coéquipier d'Elio De Angelis chez Lotus, et j'avais même demandé à Elio de me le présenter. Après le GP de Monaco, un ami qui savait que je souhaitais le rencontrer m'a dit : "Si tu veux, je l'emmène à l'héliport à Monaco lundi matin, tu veux venir ?" J'ai répondu : "Oui, oui, oui, je vous tiendrai volontiers compagnie." Et puis, une fois arrivés à l'héliport [rires], je dis "Au revoir Ayrton, bon voyage" et je continue à le regarder – parce que pour moi, c'était une idole, une vraie idole – et je fais deux pas en arrière, sans m'apercevoir qu'une valise était posée juste derrière moi. J'ai juste eu le temps de voir l'expression du visage d'Ayrton et puis je suis tombée à la renverse. Je me suis juré de ne plus jamais avoir d'idole dans ma vie, si je perdais le contrôle comme ça [sourire]. »

« [Lors de mon arrivée en 1992 chez Brabham] Le seul à être venu me dire bonjour, c'est Ayrton. L'écurie Brabham était "dans le Bronx", à l'autre bout de la voie des stands, tandis que McLaren était devant, tout près de la sortie. Il a donc remonté toute la voie des stands et est rentré chez Brabham. Tous les mécaniciens et les ingénieurs se sont mis au garde-à-vous ! Un mécanicien s'est avancé vers moi et m'a demandé : "Qu'est-ce que tu lui as fait ?" J'ai répondu que je n'avais rien fait. Il a insisté : "Tu l'as serré dans une courbe ? Tu as freiné ?" Mais je n'avais rien fait : je suis très attentive aux autres, je suis une professionnelle. Dans le box, ils étaient prostrés et ne savaient à quoi s'attendre. En fait, il est simplement venu me serrer la main, en me disant : "Bienvenue, je suis content que tu sois arrivé en Formule 1, et je voudrais te féliciter." Je ne savais pas quoi dire. Qu'il vienne me saluer, c'était unique. Il était spécial et il se sentait le meilleur. C'est pour ça qu'il pouvait souhaiter la bienvenue à quelqu'un comme moi, qui n'était rien, qui n'était qu'une débutante. »

Il est simplement venu me serrer la main, en me disant : "Bienvenue, je suis content que tu sois arrivé en Formule 1, et je voudrais te féliciter."

GIOVANNA AMATI

Grand compétiteur dans l'âme, Senna tenait compte de tous les facteurs susceptibles de le rendre meilleur à chaque week-end de Grand Prix.

Marlboro

Shell
BOSS
HUGO BOSS
Marlboro
Marlboro
McLAREN INTERNATIONAL
HONDA

LES STATS DE SENNA 1992

GRAND PRIX	QUALIFICATION	COURSE
AFRIQUE DU SUD	2E	3E
MEXIQUE	6E	ABANDON (TRANSMISSION)
BRÉSIL	3E	ABANDON (PROBLÈME ÉLECTRIQUE)
ESPAGNE	3E	9E (TÊTE-À-QUEUE)
SAINT-MARIN	3E	3E
MONACO	3E	VICTOIRE
CANADA	POLE POSITION	ABANDON (PROBLÈME ÉLECTRONIQUE)
FRANCE	3E	ABANDON (ACCROCHAGE)
GRANDE-BRETAGNE	3E	ABANDON (BOÎTE DE VITESSES)
ALLEMAGNE	3E	2E
HONGRIE	3E	VICTOIRE
BELGIQUE	2E	5E
ITALIE	2E	VICTOIRE
PORTUGAL	3E	3E
JAPON	3E	ABANDON (MOTEUR)
AUSTRALIE	2E	ABANDON (ACCROCHAGE)

4E DU CHAMPIONNAT DU MONDE
50 POINTS, 3 VICTOIRES, 7 PODIUMS,
1 POLE POSITION, 1 MEILLEUR TOUR EN COURSE

À gauche : À Monaco, Senna savoure un nouveau succès en principauté.

En haut : Le Grand Prix de Hongrie 1992 est le théâtre d'une belle victoire d'Ayrton Senna mais aussi le Grand Prix qui couronne Nigel Mansell champion du monde 1992.

9

3

RETROUVAILLES AVEC PROST

WILLIAMS : TICKET GAGNANT

DÉBUT 1993, ALAIN PROST SORT DE SA RETRAITE EXPRESS, DE SON CONGÉ SABBATIQUE, ET SAUTE DANS LE BAQUET QU'IL VISAIT DEPUIS PLUSIEURS MOIS DANS L'ÉCURIE DE FRANK WILLIAMS : CELUI DE NIGEL MANSELL, PARTI À LA CONQUÊTE DE L'AMÉRIQUE EN INDYCAR, DANS CE CHAMPIONNAT CART QUI CONVIENT PARFAITEMENT À SON STYLE DE PILOTAGE MUSCLÉ, SANS FIORITURES, ET QU'IL REMPORTERA HAUT LA MAIN DÈS SA PREMIÈRE TENTATIVE.

Prost chez Williams – la meilleure écurie du moment –, c'est forcément un ticket gagnant, sinon le Français n'aurait pas tout fait pour obtenir ce volant. La saison 1993 confirme que c'est le package idéal, avec en prime comme deuxième pilote un certain Damon Hill, fils de Graham et parfait lieutenant de Prost au sein d'une équipe au-dessus du lot, comme en 1992. Les statistiques sont limpides : 7 victoires pour Prost lors des 10 premières manches, puis 3 autres pour Hill en fin de saison.

Bilan global : 10 succès pour Williams-Renault en 16 manches, contre 5 pour Senna (dont le Brésil et Monaco) et un seul pour Schumacher. Prost, en roue libre, termine par trois deuxièmes places d'affilée, dont deux derrière Senna au Japon et en Australie. Le score est sans appel : 99 points à 73 pour le Brésilien, qui a évité de justesse un doublé des pilotes Williams au Championnat du monde, avec 4 points d'avance sur Hill. Dernier chiffre important : Prost mène désormais 4-3 face à Senna au nombre de titres mondiaux, mais il va se retirer pour de bon. La voie est libre pour le Brésilien, qui lui succédera à Didcot.

Senna détestait piloter sous la pluie, mais s'avérait redoutable quand la météo était exécrable.

COURSE APRÈS COURSE

1993

GRAND PRIX DU BRÉSIL : LE MIRACLE D'INTERLAGOS

Deux ans après la « victoire de sa vie », Senna est de retour sur ses terres, à Interlagos. Mais sa McLaren ne le rassure pas au moment de débuter le week-end. Les capteurs qui contrôlent la suspension hydraulique n'en font qu'à leur tête. Pas la meilleure entame possible, sachant qu'il n'espère pas mieux qu'un podium. En qualifications, les Williams d'Alain Prost et de Damon Hill sont devant, comme on pouvait s'y attendre. Senna, poussé par ses *torcidas*, arrache la 3e place, juste devant Michael Schumacher en embuscade. Toutefois, le Brésilien affiche un grand pessimisme avant la course : « Avec le moteur que nous avons, nous ne pouvons pas penser à la victoire », prévoit-il.

Pendant le premier quart de la course, les Williams sont devant, et Senna peine à distancer Schumacher. À la lutte face à l'Allemand, Senna reçoit une pénalité pour avoir doublé Erik Comas sous drapeau jaune. Au 24e tour, il subit donc un « stop-and-go » de 10 secondes et ressort 4e, avec des chances de victoire infimes. Mais la destinée est belle, parfois. Au 26e tour, une pluie torrentielle s'abat sur Interlagos. Senna est l'un des premiers à mettre des pneus pluie, imité un tour plus tard par Hill… mais pas par Prost. La communication avec ses ingénieurs est soudainement interrompue, car sa radio a lâché. Il reste en piste mais, dans ces conditions, un désastre peut vite arriver. Un tête-à-queue plus tard, le pilote le plus souvent victorieux au Brésil finit sa course dans le décor.

Un regard furtif, vers le ciel, avant de laisser son talent s'exprimer sur la piste.

Senna en plein dépassement de Damon Hill : en 1993, le fils de l'immense Graham dispute sa toute première saison chez Williams.

Au vu des conditions cataclysmiques, la *safety car* est déployée. Les pilotes se regroupent, puis reprennent leur rythme de course au 37e tour, la piste étant redevenue sèche. Précédé par Hill, Senna s'arrête aux stands dans le même tour que Schumacher pour chausser des slicks. L'Allemand cesse alors d'être une menace : son cric se bloque et il perd de précieuses secondes. Senna part à la chasse de Hill, 2e, et d'Alesi, en tête dans sa Ferrari. Il réussit sa mission et prend le commandement. Mais, comme en 1991, cette victoire, il la puise au fond de lui. TV Globo a installé sur lui un capteur cardiaque, pour donner aux spectateurs internationaux le rythme cardiaque du héros local : 190 battements par minute. Le Brésilien s'accroche et espère jusqu'au bout. À l'avant-dernier tour, ce n'est pas sa boîte de vitesses qui faiblit mais une diode qui s'allume, indiquant un problème de pression d'huile. Par miracle, le V8 Ford tient bon et permet à McLaren de remporter sa 100e victoire en F1. La foule envahit la piste, empêchant la belle monoplace rouge et blanche du chouchou du pays de faire un tour d'honneur. Pas grave : elle a lâché juste après être passée sous le drapeau à damier. « Quand Dieu veut vraiment que tu gagnes, il te fait vraiment gagner », sourit Senna, apaisé. Le lendemain, *O Globo* titrera : « Senna fait des miracles à Interlagos. »

GRAND PRIX D'EUROPE : LA LEÇON DE DONINGTON PARK

Motivé par la victoire acquise chez lui lors de la manche précédente, Senna sait cependant que la réussite à Interlagos ne peut cacher les faiblesses de sa McLaren par rapport aux Williams. Les médias du Brésil se demandent si Senna ne va pas prier São Pedro à Donington. Pour les Brésiliens, c'est en effet ce saint qui « commande » la météo… « La pluie nous donne une chance de gagner la course, car elle nullifie l'avantage en accélération des moteurs Renault », raisonne Senna. Sa prière est exaucée aux essais, quand il signe le meilleur temps provisoire. Mais, en qualifications, il fait sec du côté de Derby. Et ce qui devait arriver arrive : Senna et sa McLaren ne peuvent réussir que le 4e chrono, juste derrière Schumacher. Prost et Hill occupent la première ligne, mais le Français a 2 secondes d'avance sur Senna. La presse brésilienne parle même de « massacre des Williams », c'est dire !

Dépasser Damon Hill chez lui, sous la pluie ? Ce n'est pas un problème pour le Brésilien, dès le premier tour de course.

Sous les yeux de la princesse Diana, Senna va offrir à tous une *masterclass* de pilotage. Car, même s'il ne pleut plus, la piste anglaise est encore humide. Au premier virage, Senna est 5e, dépassé par Karl Wendlinger. Mais quelques secondes plus tard, le Brésilien parvient à dépasser Schumacher, puis l'Autrichien. Hill subit le même traitement quelques virages plus tard. La McLaren semble aller à toute vitesse sur cette piste mouillée. À l'avant-dernier freinage, Senna passe Prost et conclut le 1er tour en tête. Il vient de dépasser, en l'espace d'une minute et demie, quatre concurrents. « J'ai fait ce que j'avais à faire : tenter ma chance », dira-t-il à l'arrivée au sujet de ce tour de magie. L'écart entre Senna et les Williams augmente de tour en tour. Pour une fois, l'écurie Williams est perdue, alors qu'elle a engagé un conseiller météo… qui sème la confusion ! « À chaque

Parti de la 4e place sur la grille, Senna semble bien mal embarqué au départ du GP d'Europe 1993, sur le circuit de Donington Park.

fois qu'il annonçait quelque chose, l'opposé se produisait. Et je détiens le record du plus grand nombre de changements de pneus en course : 7, dont 6 à contretemps », racontera Prost plus tard, avec le sourire, dans un documentaire sur le Brésilien.

Au 57e tour, Senna signe le meilleur tour en course… d'une manière peu académique. Il annonce qu'il rentre aux stands, mais sa radio grésille et son équipe ne le comprend pas. Résultat : les mécanos ne sont pas prêts et Senna décide finalement de ne pas s'arrêter. Il sait que la voie des stands est un raccourci et, à l'époque, aucune limitation de vitesse ne s'y applique. C'est ainsi que le pilote boucle son tour en 1 min 18 sec 029, avant de foncer vers la victoire !
Sur le podium, Senna reçoit un premier trophée aux couleurs du hérisson bleu Sonic, le fabricant de consoles de jeu Sega étant le sponsor titre de ce GP d'Europe. Plutôt comique, Sega étant aussi un sponsor majeur de Williams. Pour la petite histoire, ce trophée sera longtemps porté disparu, jusqu'à ce que McLaren révèle en août 2023 qu'il est bien conservé à Woking. En conférence de presse, Prost – arrivé 3e derrière Senna et Hill –, se plaint du fonctionnement de sa Williams. Ce qui amène le vainqueur brésilien à lui lancer ironiquement : « Tu veux qu'on échange nos voitures ? » Un signe annonciateur pour 1994.

Le circuit très vallonné de Donington Park, cadre idéal d'une leçon de pilotage magistrale par Senna en 1993.

CEA
CEA

DANS LES COULISSES

« NO MONEY, NO RACE » : LE MILLION DE DOLLARS PAR COURSE

Un million de dollars par course disputée. Ce montant vous semble fou ? Il l'est ! Pourtant, c'est ce que Senna a réussi à négocier auprès de McLaren et de Philip Morris pour continuer à rouler dans son écurie fétiche. Le Brésilien était très rude en affaires. Le Dr Jacques Dallaire, proche du Brésilien, se souvient d'une discussion sur le sujet : « Il m'a dit : “Je m'en fiche de l'argent. Ce qui m'importe, c'est de savoir quelle est ma valeur à leurs yeux. Et l'argent est un indicateur. Je veux savoir à quel point ils me veulent vraiment.” »

Suite au départ de Honda, Senna est peu emballé par l'idée de piloter une monoplace motorisée par Ford. Au début de l'année 1993, une rencontre au sommet a alors lieu dans les bureaux suisses de Philip Morris. Ron Dennis, Julian Jakobi et Senna sont de la partie. Ron Dennis annonce qu'il dispose de cinq millions de dollars. Jakobi se souvient de la remarque presque instinctive du pilote : « Alors Ayrton a dit : “C'est bon. Je ferai les cinq premières courses, et c'est tout.” » Senna invite par la suite les membres de Philip Morris à réagir et lance : « Si vous constatez que vous avez plus d'argent plus tard, nous discuterons des courses supplémentaires après les cinq premières. » Le million de dollars par course est finalement acquis.

Dans le contrat signé, une clause indiquant que l'argent doit être viré sur le compte bancaire de Senna le mercredi précédant chaque course est rajoutée. Elle donnera quelques sueurs à Fábio Machado, cousin et manager du mythe brésilien, en charge d'informer le pilote sur ce mouvement bancaire. Ce dernier avait en effet une réponse toute prête si le virement n'avait pas été effectué : « Pas d'argent, pas de course. »

Même si la majorité des Italiens n'ont d'yeux que pour Jean Alesi et Ferrari, plusieurs tifosi ne peuvent s'empêcher d'admirer Senna. Une preuve supplémentaire de son charisme incontestable.

GRAND PRIX DE MONACO : SENNA 6 – PROST 4

Le Grand Prix de Monaco, c'est l'autre course que Senna tient absolument à remporter, chaque année après le GP du Brésil, et la domination de Prost ne change rien à sa motivation – au contraire. Un gros crash à haute vitesse le jeudi, dans le virage de Sainte-Dévote, se termine avec un pouce bandé à cause d'un mauvais retour de volant. Les qualifications du samedi permettent à Senna de prendre la 3e place sur la grille, derrière Prost et Schumacher. Le destin va lui donner un petit coup de pouce…

Dimanche à 15 h, Prost prend un meilleur départ que Senna, mais les commissaires jugent immédiatement qu'il l'a un peu anticipé et lui assènent 10 secondes de pénalité. Il rentre au stand en leader pour purger son « stop-and-go », mais sa Williams cale. Adieu les rêves d'une 5e victoire en Principauté à l'instar de Senna et Graham Hill. Un boulevard se déroule devant les roues du Brésilien, qui ne commet aucune erreur et tire profit de l'aubaine. C'est sa 6e victoire à Monaco et un nouveau record, et Damon l'accompagne sur le podium pour le féliciter. En conférence de presse, Alain Prost clame : « Je ne suis pas un voleur de départ, je sais faire la différence entre le rouge et le vert » . Il a aussi une bonne excuse, d'ordre technique : « Nos embrayages en carbone manquent de constance dans leur fonctionnement. » Ayrton s'en fiche et passe la soirée au *Jimmy's* avec sa nouvelle compagne Adriane Galisteu, une top-model de 20 ans. Et comme c'était vraiment un très bon week-end, il reprend les commandes du Championnat du monde avec 5 points d'avance sur Prost (42 à 37). Affaire à suivre.

Ci-dessous : à Monaco en 1993, Senna gagne pour la sixième fois dans les rues de la Principauté. Un record que personne n'a encore réussi à égaler.

Double-page suivante : telle une peinture impressionniste, la McLaren de Senna se fondait parfaitement dans le décor des circuits du monde entier.

MCLAREN MP4/8

Sous-motorisée – car équipée d'un V8 Ford « client » –, la MP4/8 restera dans les mémoires comme l'ultime McLaren pilotée par Senna. Honda a quitté la F1 fin 1992. Senna, après des mois de doutes, a décidé de rester une saison de plus dans l'écurie où il a remporté trois titres mondiaux. Lors des premiers essais privés, à Silverstone, le 3 mars 1993, Ayrton est surpris par le moteur. Très sûr de lui, il lance même à Ron Dennis : « Ce moteur est génial. On peut gagner avec cette voiture. » Dans les faits, cette remarque est surprenante : le V8 américain ne développe en effet que 680 chevaux alors que, chez Williams, la motorisation Renault apporte 80 chevaux de plus. Sauf que la McLaren MP4/8 est bien née, en plus d'être ultrasophistiquée. D'après Ron Dennis lui-même, c'est « l'une des meilleures McLaren jamais conçues ».

Steve Hallam, ingénieur chez McLaren à l'époque, précise le rôle joué par Ayrton Senna dans la mise au point de la voiture : « Le travail de collaboration pour la développer a été renforcé par sa compréhension. Et son instinct de compétiteur lui a permis d'en tirer le meilleur parti possible. Je pense que l'intelligence qu'il avait, en tant qu'individu, a contribué au développement de cette voiture. Il mettait en mots ce que nous tous, les ingénieurs, essayions de coder dans le logiciel interne de cette monoplace, pour en améliorer les performances. »

Suspension active, contrôle de traction… même la boîte de vitesses a été automatisée. Un dispositif – pensé pour l'Américain Michael Andretti venu du championnat CART – dont Senna n'a jamais voulu. Steve Hallam se souvient : « Ayrton a testé cette fonctionnalité et a toujours choisi de ne pas utiliser la boîte de vitesses en automatique. C'était son style de conduite : il voulait contrôler totalement le rétrogradage de la voiture. » Conçu par Neil Oatley, ce modèle MP4/8 permet à Senna de gagner chez lui, à Interlagos, et de se sublimer à Donington Park. Pour la petite histoire, McLaren affichera sur le cockpit, à chaque victoire du Brésilien, le sticker d'un hérisson se faisant rouler dessus : une façon de se moquer à la fois de Williams, de son sponsor Sega et de sa mascotte Sonic. Au volant de la MP4/8, Senna gagne aussi à Monaco, au Japon et en Australie, à Adélaïde, devant Prost. Cette 41e victoire sera aussi sa dernière.

En haut : quelques minutes avant de se lancer dans un tour chrono, le Brésilien demande d'ultimes ajustements aux réglages de sa monoplace.

En bas : Senna prend place dans le siège baquet de sa McLaren de 1993, bien décidé à tirer le meilleur parti de son moteur Ford.

À droite : très photogénique à l'épingle de la Source, sur le circuit de Spa-Francorchamps, la McLaren MP4/8 ne permet pas à Senna de faire mieux que 4e lors du GP de Belgique 1993.

BOSS
Marlboro
COURTAULDS
Shell

SENNA CONTRE PROST

Pendant leurs saisons de rivalité en F1 (de 1984 à 1991, puis en 1993), Senna et Prost se sont livrés une lutte sans merci, permettant à la F1 d'écrire parmi les plus grandes pages de son histoire. Avec un bilan global favorable au Français dans les chiffres (victoires, podiums, meilleurs tours en course), mais dominé par le Brésilien en performances pures (pole positions).

1984-1993*	VICTOIRES	PODIUMS	POLE POSITIONS	MEILLEURS TOURS	TITRES
SENNA	38	73	61	17	3 (1988, 1990, 1991)
PIQUET	42	89	23	33	4 (1985, 1986, 1989, 1993)

*hors saison 1992 (congé sabbatique de Prost)

PERSONNAGE-CLÉ

ALAIN PROST, LE RIVAL DE LÉGENDE

La folle rivalité entre Ayrton Senna et Alain Prost n'a pas d'équivalent dans toute l'histoire de la F1, depuis 1950. Les fans de tous âges en parlent encore aujourd'hui, trente ans plus tard, comme si c'était hier, alors que certains n'étaient même pas nés pour assister à ces neuf saisons de folie, pendant lesquelles le Brésilien et le Français ont remporté plus de la moitié des Grands Prix inscrits au calendrier (80 sur 144), et sept titres mondiaux sur les neuf mis en jeu. Alors, forcément, le jour où tout s'arrête, l'émotion est à son comble, des deux côtés.

Flashback. Nous sommes le 7 novembre 1993 à Adélaïde, en Australie. Senna boucle son tour d'honneur en brandissant un drapeau brésilien, comme souvent quand il gagne en F1. C'est la 104e victoire d'une McLaren en F1, ce qui permet à l'écurie de Ron Dennis de dépasser Ferrari au palmarès. Senna, Prost et Hill, les trois premiers, se retrouvent avec Ron Dennis dans la « cool-down room » avant de monter sur le podium. Ron salue Alain et lui glisse quelques mots à l'oreille, puis il fait de même avec Senna. Hilare, le Brésilien révèle à la cantonade que son patron lui a demandé s'il n'avait pas changé ses plans pour 1994. « C'est aussi ce qu'il vient de me dire ! » s'écrie Prost. La bonne humeur est générale. Senna tend la main à Prost qui, après une courte hésitation, accepte de la serrer. Le geste est on ne peut plus sincère car les deux hommes ignorent qu'ils sont filmés par une caméra.

La cérémonie du podium est bouleversante, la mise en scène parfaite. À deux reprises, Senna invite Prost à le rejoindre sur la plus haute marche, devant une foule ravie. Ils échangent une seconde poignée de mains. Ils font la paix. Prost n'a pas gagné mais il est champion du monde pour la quatrième fois. Et tout le monde sait que Senna s'apprête à lui succéder chez Williams : l'annonce a été faite un mois plus tôt. Senna peine à cacher les larmes qui embrument ses yeux. Il sait que tout un pan de sa carrière sportive se termine.

Les deux larrons se retrouvent quelques instants plus tard en conférence de presse. Tout sourires, ils affichent presque de la complicité et conviennent de tirer un trait sur le passé. « Il faut privilégier cette image sportive, assure Prost. Ayrton et moi avons vécu de bons moments ensemble, spécialement en 1988. Avec mon départ, il est préférable de ne retenir que les bons souvenirs, les bons aspects de notre rivalité sportive. » Senna le coupe : « Chez McLaren, le plus gros problème que nous ayons connu est qu'Alain voulait partir du circuit le plus tôt possible pour aller jouer au golf ! Impossible, car de mon côté je faisais en sorte que les briefings durent des heures ! Il me disait sans arrêt : "Allez, on arrête, je veux aller au golf !" Je m'en souviens parfaitement ! » Puis le Brésilien redevient sérieux et ajoute : « Que dire aujourd'hui ? Notre attitude en dit plus que tous les mots qu'on pourrait prononcer, plus ou moins adroitement. Seuls les gestes comptent réellement. Ce fut un beau podium. Il a reflété mes sentiments. Les siens aussi, je crois. »

C'est la fin du dernier chapitre de la rivalité la plus fascinante de toute l'histoire de la F1. La plus belle, la plus intense, la plus violente, la plus énervante aussi. Prost, un peu déboussolé, va devoir se reconvertir, se réinventer. Senna, privé de son meilleur ennemi, attaque un autre chapitre de sa vie face à une génération montante de jeunes loups : Mika Häkkinen, Jean Alesi, Damon Hill et, surtout, un Allemand surdoué et obstiné, prêt à tout pour s'imposer, Michael Schumacher.

Prost et Senna réunis sur les deux premières marches d'un podium : cela se produit à six reprises en 1993.

Marlboro
KENWOOD
BERLUCCHI
8
Shell
GOODYEAR

La saison 1993 est la dernière de Senna chez McLaren, avant son départ pour Williams.

DANS LES COULISSES

LE COUP DE GUEULE CONTRE IRVINE AU JAPON

Prost ayant assuré son 4e titre mondial par une 2e place au Portugal, les deux dernières manches de la saison ne présentent qu'un intérêt sportif limité. Sauf pour Ayrton Senna, qui veut finir 2e du championnat derrière Prost en gagnant si possible encore une fois au Japon, et pour Eddie Irvine, le jeune pilote Jordan qui débute en F1.

Moins d'une heure après la fin de la course du circuit de Suzuka, le vainqueur brésilien est encore blême de colère. Il passe en coup de vent derrière les stands, au milieu des mécanos qui remballent leur matériel. Son ingénieur de piste, l'Italien Giorgio Ascanelli, perpétuellement de mauvaise humeur, tente de le suivre dans ce dédale de caisses, de pneus et de pièces de monoplaces.

D'un pas alerte, le pilote monte quelques marches et pénètre dans le local privé de l'écurie Jordan. Il a alors l'impression de faire irruption dans un pub de Dublin à l'heure de la sortie des bureaux. La bière coule à flots et l'atmosphère est enfumée. Parmi les nombreuses personnes présentes, il reconnaît un visage ami, celui de Rubens Barrichello, qui débute lui aussi en F1 chez Jordan, comme Irvine lors de cette course. Ce n'est pas pour lui que Senna est venu. Il cherche Eddie Irvine, dont il ne connaît même pas le visage, afin de lui expliquer comment ça se passe en F1 : le jeune et bouillant Irlandais l'a en effet dépassé alors qu'il avait un tour de retard, puis l'a ralenti, bouchonné. Un vrai crime de lèse-majesté ! Senna l'apostrophe puis entame avec lui un dialogue surréaliste, entrecoupé d'insultes, de menaces, de réprimandes et de noms d'oiseaux. À la fin, il lui met carrément son poing dans la figure. Bienvenue au club !

GRAND PRIX D'AUSTRALIE : GOUNON DÉCOUVRE SENNA... ET TINA TURNER !

En Australie, pour clôturer la saison 1993 en beauté avant de partir chez Williams, Senna fait bien les choses : pole position – la 62e de sa carrière –, et victoire – sa 41e en F1 – assortie d'une 2e place bien méritée au Championnat du monde de F1. Sur le podium et en conférence de presse, il se réconcilie avec Alain Prost, son rival historique (voir plus loin). Aux premières loges se trouve un jeune pilote, le Français Jean-Marc Gounon, qui débute en F1 et ne rate pas une miette du spectacle. De la séance de qualifications jusqu'au concert de Tina Turner...

Ci-contre : la fin d'une aventure : en Australie, Senna remporte sa 41e et dernière victoire en F1, et la 104e de McLaren. Devant Prost, comme un ultime résumé de leur rivalité !

À droite : Senna a porté la combinaison rouge et blanche de l'écurie McLaren pendant six ans, de 1988 à 1993.

JEAN-MARC GOUNON

« Je suis dans mon tour de qualif et, au moment où j'attaque la ligne droite, je vois une McLaren arriver derrière moi, avec un casque jaune. C'est Senna. Je l'aspire toute la ligne droite, il revient sur moi, je m'écarte de la trajectoire idéale et je le laisse passer. Ça ne change pas ma vie et c'est Ayrton Senna. Je fais mon boulot, je finis mon tour. Rien ne se passe. Le lendemain, c'est un circuit en ville où tout est prémonté, les toilettes y compris. C'est une énorme pissotière, tout le monde vient là et, juste avant le Grand Prix, un gars me tape sur l'épaule. C'est Senna. Il me lance : "Écoute, je te remercie pour hier. C'est sympa ce que tu as fait. Si tu as besoin de quoi que ce soit dans ce monde, tu viens me voir." Putain (sic). Je lui dis merci, même si ça me paraît normal. Le mec, il est champion du monde, chez McLaren, il fait la pole, et il vient me voir, moi qui débute. J'ai trouvé que c'était un mec bien. J'ai vu que lui, ce n'était pas qu'un pilote. »

Après la course, un concert est organisé par les bières Foster's, le sponsor de l'époque. Tous les spectateurs sont conviés gratuitement. Gounon continue à raconter : « Cette année-là, le concert, c'était Tina Turner. Je m'en rappellerai toute ma vie. Senna avait gagné la course, Prost était déjà champion du monde avec la Williams et avait terminé 2e, tous deux étaient montés sur le podium. Au concert, on est tous conviés à venir à l'arrière de la scène pour voir Tina Turner chanter de plus près. Et là, il y a 200 000 spectateurs, une véritable marée humaine – un peu comme au Mans autour du podium. Tina Turner chante et, à un moment, entre deux chansons, elle vient à l'arrière de la scène et prend Senna par la main, puis elle se met à chanter *Simply the best*. Elle fait toute la chanson avec le bras de Senna levé, à côté d'elle. C'était incroyable, irréel. »

LES STATS DE SENNA 1993

GRAND PRIX	QUALIFICATION	COURSE
AFRIQUE DU SUD	2E	2E
BRÉSIL	3E	VICTOIRE
EUROPE	4E	VICTOIRE
SAINT-MARIN	4E	ABANDON (SUSPENSION)
ESPAGNE	3E	2E
MONACO	3E	VICTOIRE
CANADA	8E	18E (ALTERNATEUR)
FRANCE	5E	4E
GRANDE-BRETAGNE	4E	5E (PANNE D'ESSENCE)
ALLEMAGNE	4E	4E
HONGRIE	4E	ABANDON (ACCÉLÉRATEUR)
BELGIQUE	5E	4E
ITALIE	4E	ABANDON (ACCROCHAGE)
PORTUGAL	4E	ABANDON (MOTEUR)
JAPON	2E	VICTOIRE
AUSTRALIE	POLE POSITION	VICTOIRE

2E DU CHAMPIONNAT DU MONDE

73 POINTS, 5 VICTOIRES, 7 PODIUMS,
1 POLE POSITION, 1 MEILLEUR TOUR EN COURSE

9

4

CHAMPION ÉTERNEL

LES TROIS DERNIÈRES COURSES

CETTE SAISON 1994 DE F1 PROMET BEAUCOUP, MAIS ELLE NE DURERA QUE TROIS COURSES POUR AYRTON SENNA. LES TROIS DERNIÈRES COURSES DE SA CARRIÈRE. DE SA VIE D'HOMME ET DE PILOTE.

Passé chez Williams, la meilleure écurie du moment, le Brésilien est favori pour succéder à Alain Prost sur les tablettes du Championnat du monde. Il montre qu'il est toujours le plus rapide, en performance pure, en signant les trois premières pole positions de l'année. Il est aussi frappé par un manque de réussite absolu, lui qui avait souvent bénéficié des faveurs de Lady Luck depuis 1984. Il ne marque aucun point chez lui, au Brésil, ni à Aïda, lors du GP du Pacifique. Et il trouve la mort à Imola, à cause d'une colonne de direction cassée sur sa Williams. Ayrton avait douté pendant trois mois, de lui, de son talent, de son équipe. La médaille de la Vierge que lui avait offerte une vieille dame passionnée de F1 au circuit Paul-Ricard ne l'a pas protégé…

Rothmans
RACING
SENNA
RENAULT
E
NACIONAL
elf
RENAULT
Rothmans
RACING
Rothmans
Segafredo
ZANETTI

Rothmans
RENAULT
elf
2
MAGNETI MARELLI

COURSE APRÈS COURSE

1994

GRAND PRIX DU BRÉSIL, À INTERLAGOS : LE DOUTE, DÉJÀ...

C'est son premier Grand Prix de F1 dans une Williams et Senna est inquiet. La nouvelle Williams-Renault est difficile à mettre au point, avec une fenêtre d'exploitation très étroite. Il est mal installé dans le cockpit, ce qui le gêne dans son pilotage. Il doit aussi découvrir une autre ambiance, de nouvelles habitudes, auprès de mécaniciens et d'ingénieurs un peu intimidés par son charisme et son palmarès. Ayrton échange beaucoup avec son ancien rival Alain Prost, désormais en retrait mais très attentif à celui qui est en train de devenir son ami après dix ans de combats acharnés. C'est aussi le grand retour des ravitaillements en essence, pour contribuer au spectacle, soit une nouvelle variable à maîtriser pour les écuries.

Le samedi après-midi, les qualifications se terminent sous la pluie avec à nouveau le héros local en pole position, devant son public. Même s'il trouve sa FW16 trop rétive, difficile à piloter, il devance la Benetton de Michael Schumacher et la Ferrari de Jean Alesi. Dimanche, Senna prend un bon départ et mène au premier virage. Au 3e tour, il a 3 secondes d'avance, 4 secondes au 4e tour, avec déjà un petit écart sur le duo Schumi-Alesi.
Mais, au 10e tour, le jeune Allemand est revenu à moins de

À gauche : Ayrton Senna et Patrick Head, le directeur technique de Williams, échangent avec Sir Frank Williams, le fondateur de l'écurie anglaise.

En haut : le circuit d'Interlagos, à São Paulo, donne souvent lieu à des départs mouvementés.

Ci-contre : le premier Grand Prix de la saison 1994, au Brésil, se conclut avec un tête-à-queue pour Ayrton Senna – devant son public – et la victoire de Michael Schumacher.

2 secondes du Brésilien et commence à lui mettre la pression. Au 18e tour, il n'est plus qu'à 1 seconde, tandis qu'Alesi a décroché. Au 22e tour, les deux pilotes rentrent au stand pour ravitailler et changer de pneus. Les mécanos de Benetton sont plus rapides que ceux de Williams, et Schumi ressort devant Senna.

L'écart se creuse : 6 secondes au 42e tour, avant le deuxième ravitaillement. Puis Senna revient un peu en fin de course, jusqu'à une erreur rarissime au 56e tour : le nouveau leader de Williams se laisse surprendre et part en tête-à-queue. Son moteur Renault cale. Il appelle les commissaires à l'aide, mais ceux-ci n'ont pas le droit d'intervenir. « Magic Senna » est hors course. Il rentre aux stands sous les applaudissements, mais c'est Schumacher qui gagne, alors qu'une partie des fans ont déjà quitté le circuit. Le deuxième vainqueur est dans une Williams, il s'agit de Damon Hill, épuisé par les difficultés qu'il a eues pour maîtriser sa monoplace. Le podium est complété par Alesi devant un autre Brésilien, Rubens Barrichello. Après l'arrivée, Senna assume sa faute de pilotage : « Nous n'avons pas réussi à régler correctement notre voiture pour ce circuit. Il n'y avait rien à faire. Quand j'ai commis mon erreur, j'étais vraiment sur le fil du rasoir. » Il n'y a plus de suspension active sur les Williams, car elle a été bannie par le nouveau règlement. C'était l'un des atouts majeurs de l'écurie britannique.

Chez Williams, Senna visait un quatrième titre mondial, comme Prost. Mais il ne se sentait pas en confiance dans la Williams FW16 en début de saison.

SENNINHA, LE SEUL « ENFANT » DE SENNA

Le 28 janvier 1994, Ayrton Senna annonce dans une vidéo la naissance d'un petit personnage lui ressemblant comme deux gouttes d'eau : Senninha. « Petit Senna » est né de l'imagination de Rogério Martins and Ridaut Dias Jr. Ce jeune garçon intrépide, combatif – mais impatient – est toujours entouré de son groupe d'amis et muni de son casque jaune. Comme le vrai Senna ! La première bande dessinée de Senninha sort en mars 1994 et est distribuée gratuitement dans les écoles du Brésil. Au début de son existence, Senninha roule au volant d'une voiture entièrement bleue, en référence à Williams. Mais après le décès du pilote, le personnage revêt une combinaison totalement rouge. « C'est sa tunique iconique. Celle à laquelle on associe Ayrton », raconte Marcio Petta, membre de l'Instituto Ayrton Senna, la fondation créée quelques mois après la tragédie par Viviane, la sœur du champion.

Personnage valeureux et fier de sa nationalité brésilienne, Petit Senna existe toujours près de trente ans après sa naissance, sur différents supports. Si la bande dessinée n'existe plus sous sa forme originale, Senninha est maintenant décliné en jeu vidéo, en dessin animé et sur des produits dérivés. Les sandales portant la tête de ce personnage sont d'ailleurs très populaires au Brésil, et des pizzerias portent son nom ! Fier du petit personnage qui portait ses traits, Ayrton avait une grande foi en Senninha. Pour preuve, l'histoire raconte que le 1er mai 1994, le champion brésilien portait un tee-shirt avec le nom et l'image de Senninha sous sa combinaison bleue et blanche de chez Williams. Un enfant, pour toujours.

WILLIAMS FW16

La presse française parle de « mariage du siècle » au moment de l'officialisation de Senna chez Williams. Le modèle FW16 est alors censé faire figure d'alliance au doigt du Brésilien. Mais la relation entre le pilote et sa voiture tiendra plutôt du « Je t'aime, moi non plus ». En 1994, les ravitaillements en essence sont de retour et les assistances électroniques comme le *launch control* sont supprimés comme la suspension active, les freins antiblocages et les ordinateurs ayant un rôle dans le contrôle de traction. Une volonté de la part de la FIA, pour mettre en valeur les performances des pilotes plutôt que celles des électroniciens. Manque de chance, c'est – en partie – ce qui faisait la domination de Williams les années précédentes.

La FW16 provient d'une évolution du modèle 1993. La carrosserie a été retravaillée et les pontons relevés. À l'arrière, elle est dotée du puissant moteur Renault V10 RS6 – mais là n'est pas le problème. Ce modèle Williams se révèle imprévisible. Éléments d'explications par Adrian Newey, chargé du design de l'auto : « J'avais mal négocié le retour à une suspension passive et conçu une voiture qui était aérodynamiquement instable. À son volant, Ayrton tenta des choses que l'auto n'était pas en mesure de faire. » Malgré cette adversité, Senna arrive à décrocher les trois ultimes pole positions de sa carrière. Sur un tour, il prouve toujours qu'il est le meilleur, même si la tenue de route de cette voiture est questionnable. Son tête-à-queue au Brésil en est un exemple probant. Les interventions de Patrick Head – directeur technique – et de Newey n'y changeront rien : Senna ne sera jamais à l'aise dans le cockpit de la FW16, qui l'emportera vers son funeste destin le 1er mai 1994. Sa version améliorée, la FW16B, permettra tout de même à Damon Hill et David Coulthard de ravir le titre mondial des constructeurs à Benetton. Le troisième d'affilée pour Williams depuis 1992.

GRAND PRIX DU PACIFIQUE, À AÏDA : ENCORE UNE DÉCEPTION

La deuxième manche de la saison est prévue au Japon, où Senna est toujours – plus que jamais – une idole absolue pour les fans de F1. Avant d'arriver à Aïda, il part faire un tour au Disneyland de Tokyo avec le jeune Barrichello. Pendant ce temps, Adrian Newey travaille en Angleterre sur un nouveau train avant pour la FW16, qui devrait apparaître au GP de Saint-Marin. Et son pilote de pointe fait le boulot : pole position, comme au Brésil, devant Schumi, le jeune leader du championnat.

Schumacher prend un meilleur départ alors que les roues arrière de Senna ont patiné. Très bien parti dans sa McLaren, Häkkinen touche la Williams du Brésilien dès le premier virage en tentant de lui faire l'intérieur. La FW16 part en tête-à-queue et se fait percuter par la Ferrari de Nicola Larini, qui ne peut l'éviter. Senna sort de son cockpit, abasourdi par cette nouvelle mésaventure. Schumacher gagne de nouveau, sans trop de difficultés, et Senna est déçu : « Cette voiture n'est pas aussi bonne que je le souhaiterais. Je ne peux pas la piloter comme je le voudrais. Rester sur le fil du rasoir durant un ou deux tours pour aller chercher la pole, d'accord. Mais pas sur toute la distance d'un Grand Prix. » Une fois de plus, le retour à des suspensions classiques – la version « active » étant désormais bannie – peut expliquer les difficultés de Williams, qui était l'écurie la plus expérimentée dans ce domaine très pointu.

En haut : pour beaucoup d'observateurs, l'arrivée de Senna chez Williams en 1994 est considérée comme le mariage du siècle. Il n'en fut rien.

En bas : au GP du Pacifique, la course de Senna prend fin dès le premier virage du premier tour, suite à un accrochage avec Mika Häkkinen, éphémère coéquipier du Brésilien chez McLaren la saison précédente. Il est ensuite percuté par la Ferrari de Nicola Larini.

PERSONNAGE-CLÉ

MICHAEL SCHUMACHER, L'INTRÉPIDE ALLEMAND

Un pilote rapide, intrépide, qui bouscule l'ordre établi. Début 1994, Michael Schumacher n'est pas encore l'homme aux 7 titres mondiaux, loin de là. Le garçon de 25 ans n'a que deux saisons et demie de F1 dans les jambes, mais il compte déjà 17 podiums, dont 2 victoires. Son talent attire les regards, mais aussi les critiques. Senna n'est d'ailleurs pas un adepte du pilotage de l'Allemand, un peu trop fougueux à son goût. Les deux se sont déjà accrochés à Magny-Cours en 1992 et une discussion animée s'en est suivie. « Ayrton a essayé de remettre à sa place Michael quelques fois sur les circuits. Cela a déçu Michael. Il ne trouvait pas cela très respectueux », raconte l'ingénieur britannique Ross Brawn dans un documentaire lié à l'Allemand. Une attitude qui peut rappeler celle du Brésilien à ses débuts.

Avant le coup d'envoi de la saison 1994, le duel se dessine. Côté voitures, les Italiens de chez Benetton vont tâcher de concurrencer Williams, et le début du championnat tourne vite en faveur de l'équipe dirigée par Flavio Briatore. Sur les terres de son rival, Schumacher annonce la couleur et gagne avec une grande maîtrise. Il fait de même à Aïda lors de la deuxième manche. Ce qui amène le Brésilien à douter de la légalité de la Benetton B194. Le triple champion du monde pense qu'elle est équipée d'un antipatinage illégal. Après enquête de la FIA, la théorie du Brésilien est réfutée, mais le scepticisme demeure.

Après la tragédie d'Imola, Schumi va devenir la nouvelle figure de proue de la F1. Mais la mort du Brésilien continue à trotter dans son esprit. Quelques semaines plus tard, alors qu'il fait le tour du circuit de Silverstone dans une voiture de série, il est perturbé dans certaines courbes : « Je pensais : "Ici, c'est un endroit où tu peux te tuer, à cet endroit aussi." Il y a tellement d'endroits où tu peux te crasher et te tuer instantanément. C'est la seule chose à laquelle je pensais. » Champion du monde en 1994 et 1995 chez Benetton, Schumacher rejoint Ferrari pour y construire sa légende, malgré la frilosité des *tifosi* à ses débuts. En 2000, il gagne en Italie et égale alors les 41 victoires de Senna. Un journaliste évoque cette similitude en conférence de presse. L'Allemand qui semblait froid, arrogant et distant, s'effondre alors en larmes, submergé par l'émotion. À la fin de l'année, il obtient un troisième titre mondial, comme Senna avant lui, permettant ainsi à la Scuderia Ferrari de revenir au sommet. Un rêve que le Brésilien n'aura jamais pu concrétiser.

NACIO
Rothmans
Rothmans
Rothr
NACIO
ONI
CHAMPION
OMP
F1
TEA

Un bonjour spécial à mon ami… à notre ami Alain. Tu nous manques Alain.

AYRTON SENNA

GRAND PRIX DE SAINT-MARIN, À IMOLA : LE DRAME

Saint-Marin est la première manche européenne de 1994. Senna souhaite y briller et récupérer une partie de son retard sur Schumacher, qui mène 20 points à 0. Engoncé dans un cockpit qu'il trouve trop étroit, le Brésilien signe la pole provisoire le vendredi, mais son jeune ami Rubens Barrichello, débutant chez Jordan, s'envole et s'écrase dans le mur de pneus à 220 km/h. Il se casse le nez. Plus de peur que de mal. Le lendemain, alors que l'Autrichien Roland Ratzenberger tente de se qualifier, l'aileron de sa Simtek-Ford se détache quelques mètres avant d'entrer dans la courbe Gilles-Villeneuve. Il est à 315 km/h, il tape le mur, c'est fini. La mort frappe la F1 pour la première fois depuis le 14 mai 1986 et le décès d'Elio De Angelis sur le circuit Paul-Ricard. Senna a tout vu depuis l'écran de son stand Williams, et il se rend sur les lieux. Son ami le Dr Sid Watkins lui suggère de mettre fin à son week-end de course. « Sid, je ne peux pas abandonner. Je dois conduire demain », lui répond le Brésilien. C'est sa 65e pole position, il tient à l'honorer. Le lendemain matin, il est le consultant de luxe de TF1 pour le tour du circuit. Avant de démarrer, il laisse échapper une marque d'amitié pour Alain Prost, qui s'apprête à commenter la course : « Un bonjour spécial à mon ami… à notre ami Alain. Tu nous manques Alain. »

Sur la grille, avant de prendre le départ, Senna paraît soucieux et perturbé. Inhabituel chez cet homme si méticuleux et concentré. Le départ est marqué par un accrochage entre JJ Lehto et Pedro Lamy. Des débris et une roue s'envolent dans le public, certains spectateurs sont touchés. La voiture de sécurité sort des stands. Lorsqu'elle rentre à la fin du 5e tour, Senna est toujours devant Schumacher. Sept secondes après avoir passé la ligne de chronométrage, à la fin du 7e tour, il plonge dans la courbe de Tamburello. La Williams FW16 tire droit dans le mur de pneus. L'accident et ses conséquences vont plonger le Brésil dans le chagrin. Et laisser 160 millions de Brésiliens orphelins.

Battu par l'armada Benetton-Ford, Senna éprouvait des doutes quant à la légalité de certains éléments de la voiture de Michael Schumacher.

PARADOXE ET TRAGÉDIE

À 14 h, le coup d'envoi de la saison européenne de F1 est lancé sur le circuit d'Imola situé à 40 kilomètres au sud-est de Bologna et à 90 kilomètres du siège de Ferrari à Maranello. Mais un accrochage se produit dès les premiers mètres. Pedro Lamy et Lehto laissent énormément de débris sur la grille, neuf spectateurs sont touchés, une roue s'est envolée. La voiture de sécurité est de sortie. Comas endommage sa Larrousse en roulant sur des morceaux de carbone et des éléments aérodynamiques. Rentrer au stand pour réparer est une nécessité.

Entre-temps, les téléspectateurs en mondovision et les spectateurs sur place ont les yeux rivés sur les écrans géants qui diffusent des images de Tamburello. Un drame est en train de s'y dérouler. L'incroyable est arrivé. Senna vient de se crasher. Le drapeau rouge est brandi. Comas, qui était au bout des stands, est curieusement autorisé à reprendre la piste. Il arrive tout de suite dans la courbe maudite et aperçoit l'archange déchu étendu sur la piste. Un événement dramatique dont il est témoin parmi les pilotes. Il se remémore douloureusement cet épisode : « J'étais paralysé, j'éprouvais une sensation intense. Je fixais son corps allongé par terre, inerte, et son casque dans l'ambulance. J'ai tout de suite compris [que Senna était décédé], et j'ai senti à ce moment-là comme une énergie qui se libère, qui s'échappe de son corps. Son âme s'envolait, comme après une déflagration, provoquant un dégagement d'énergie immense. À compter de cet instant, mon rapport avec l'au-delà a changé. »

Erik Comas ne se remettra que très difficilement de ce drame et quittera la Formule 1 à l'issue de la saison 1994. Il partira pendant onze ans au Japon, pour se ressourcer tout en glanant plusieurs succès dans le fameux championnat nippon de Super GT. Il garde à jamais, au fond de lui, un souvenir très personnel du champion brésilien. Un champion de légende.

ERIK COMAS : « COMME UNE ÉNERGIE QUI SE LIBÈRE... »

Le 1er mai 1994 à Imola, les pilotes se rejoignent au traditionnel briefing, à 8 h 30. Erik Comas va prendre le départ dans une Larrousse. Il raconte :

« L'atmosphère est pesante et irrespirable. Ayrton est troublé, marqué, par l'accident de Rubens Barrichello et la mort de Roland Ratzenberger. Il me dit : « C'est un désastre et nous sommes vulnérables. Il faut faire une réunion avant Monaco, avec les autres pilotes, pour parler de la sécurité sur les circuits. »

En haut : le 1er mai 1994, à 14 h, départ du GP Saint-Marin sur le circuit d'Imola...

Au milieu : Senna décroche la 65e pole position de sa carrière à Imola grâce à un chrono réussi le samedi, une journée marquée par la mort de l'Autrichien Roland Ratzenberger pendant les qualifications.

En bas : après l'accident de Senna dans la courbe de Tamburello, le drapeau rouge est agité et la course arrêtée. Michael Schumacher jaillit de sa Benetton et fonce en direction du stand de son écurie pour retrouver son *team-manager* Flavio Briatore.

Kronenbourg
Kronenbourg
MILD SEVEN
Marlboro
elf

MILD SEVEN
Marlboro
Rothmans
elf

MILD SEVEN
IMOLA

À gauche : quelques minutes avant le départ du GP de Saint-Marin 1994, Senna est tellement perturbé qu'il laisse son casque en face de lui, sur la grille. Un détail qui a son importance : le Brésilien n'a jamais fait cela en dix ans de F1.

Ci-dessus : trois pole positions en trois courses : malgré les difficultés que lui posait le comportement de sa Williams, Senna a réussi à exploiter au mieux les qualités et la puissance du moteur Renault qui équipait sa monoplace anglaise.

LES 3 DERNIÈRES COURSES DE SENNA 1994

GRAND PRIX	QUALIFICATION	COURSE
BRÉSIL	POLE POSITION	ABANDON (TÊTE-À-QUEUE)
PACIFIQUE	POLE POSITION	ABANDON (ACCROCHAGE)
SAINT-MARIN	POLE POSITION	ABANDON (ACCIDENT)

IMOLA 1994, PAR DOMINIQUE LEROY

En 1994, le photographe Dominique Leroy travaille pour Elf, partenaire majeur de Williams, et suit pas à pas le Brésilien. Le week-end du 1er mai, il est donc présent sur le circuit d'Imola et assiste à une fin de semaine pas comme les autres, la plus tragique de toute l'histoire de la F1. Trente ans plus tard, tout reste gravé dans sa mémoire...

JEUDI 28 AVRIL 1994 : UN CADEAU MERVEILLEUX

« Après huit heures d'autoroute depuis Nîmes, j'arrive à Imola avec mon collègue et ami Alain Patrice. À 16h nous sommes à pied d'œuvre au circuit. Je vais vite : j'ai rendez-vous pour des photos d'Ayrton. Je suis sous contrat avec Elf, une place privilégiée à laquelle je tiens plus que tout, car ce pilote est "mon" pilote : je le suis depuis 1983, un an avant son arrivée en F1, et cette année ce contrat me permettra de le suivre partout.

Il arrive, calme. À chaque fois, sa présence me liquéfie, je me retrouve immédiatement dans une bulle détachée de tout et de tous.... sauf des nuages – et je suis dessus. Ce jour-là se révèle encore plus incroyable : Ayrton m'appelle et, en souriant, il me tend un de ses casques dans sa housse d'origine : "It's for you". Rien de plus. Je le lui avais demandé au Brésil, mais c'était resté sans suite, alors c'est un énorme moment de stupeur (et de solitude !). Je parle, je parle, sans savoir ce que je dis, tant je suis stupéfait et ému. J'arrive enfin à demander en bredouillant qu'il me signe ce casque, qu'on fasse une photo, qu'on prenne un peu de temps, juste lui et moi. Il sourit, approbateur mais ajoute d'un air désolé : "On fera tout ça après la course. Là, j'entre en briefing, je ne peux pas." Ce jour-là je n'ai pas fait mon job, mais j'ai réussi ma vie. Et je ne le dis à personne. C'est un secret, entre Ayrton et moi. »

VENDREDI 29 AVRIL : PREMIER EFFROI

« En début d'après-midi vient le temps des essais. Rubens Barrichello part pleine balle dans sa Jordan-Hart. Il va vite, très vite... trop vite, mais il s'en aperçoit trop tard, et la voiture décolle, percute les câbles du grillage de protection, exécute deux tonneaux en l'air et tombe sur le côté. Un choc d'une telle violence que plus personne ne respire. Rubens non plus apparemment ! Il est inerte, le visage en sang. Heureusement, sans plus de mal. Ayrton fonce lui-même aux nouvelles. Ouf ! Tout va bien, la journée continue, le calme se réinstalle... la routine aussi. »

SAMEDI 30 AVRIL : CES ESSAIS ENDEUILLIS

« Dernière séance d'essais. Le volet gauche de la Simtek de Roland Ratzenberger s'envole, la voiture devient folle et s'écrase contre le mur. Je n'ai pas pris de photo, mais enregistré l'image de l'écran : la tête du pilote qui dodeline, s'affaisse et ne bouge plus. La mort en direct. Or, la loi italienne dicte qu'une mort sur circuit doit stopper l'événement et déclencher une enquête. Le choc a eu lieu à 14h18. L'heure officielle du décès est prononcée à 14h30 à l'hôpital de Bologne, car "the show must go on". Mais il pas pour Senna, qui ne reprend pas le volant (ni Schumacher et d'autres). Il est effondré, en larmes, vraiment inquiet, et il veut comprendre.

Sa génération de pilotes n'a pas connu d'accident mortel en course depuis Riccardo Paletti, juste après Gilles Villeneuve, en 1982. Tous font confiance aux ingénieurs et mécaniciens, aux voitures et circuits, à eux-mêmes. Ayrton va voir Jean-Marie Balestre, président de la FIA, et s'emporte. La sécurité du circuit est au cœur de la dispute. Le soir, il réquisitionne un véhicule pour se rendre sur les lieux de l'accident. Il veut voir de ses yeux et comprendre ce qui est arrivé à son ami. Les officiels le renvoient et lui infligent un blâme... officiel lui aussi.

De mon côté, je suis anéanti. Je n'ai jusque-là assisté qu'à un seul accident mortel sur un week-end de Grand Prix, celui de Peterson en 1978, et je n'étais alors qu'en tribunes. Ébloui, horrifié par cet effroyable incendie, ces flammes qui n'en finissaient pas. Ce jour-là, nous portons tous une sorte de chape de plomb sur les épaules. La mort plane sur le circuit d'Imola : Barrichello est passé à deux doigts, Ratzenberger a succombé. Comme tout le monde, je préfère me coucher tôt, je n'ai pas de mots et ne comprends plus ce que je fais là ! »

DIMANCHE 1ER MAI : UN JOUR ABOMINABLE

« Après le drame de la veille, tout le monde est sous le choc. Ayrton y compris. Il passe furtivement dans son stand, la mine sombre, les traits tirés. Du fait de mon contrat Elf, je le suis depuis plusieurs mois, et je ne l'ai jamais vu ainsi. Avant le départ, je remarque comme bien d'autres un fait totalement inhabituel. Alain Prost s'en étonne aussi et en parle à l'antenne : en attendant le premier feu vert du tour de chauffe, Ayrton a retiré son casque et sa cagoule, ce qu'il ne fait jamais ! Assis dans son cockpit, il a le regard fixe et tendu, les mâchoires serrées. Je clique, et sans le savoir je réalise un cliché historique, qui ne s'effacera jamais de mes rétines. Un quart de seconde, je pense : "il n'a pas envie d'y aller". Mais c'est si inconcevable... Je remarque qu'il prend beaucoup de temps avant de remettre son casque.

J'ai choisi de monter dans la tribune. L'atmosphère y est lourde. Dans le multilangage, j'entends qu'Ayrton, en état de choc, a failli ne pas courir. Il a cédé parce que Balestre s'est engagé à plus de sécurité sur les circuits. C'est le moment du départ. De la pole Ayrton s'élance en tête tandis que Lehto, en troisième position dans sa Benetton, cale sur la troisième ligne et est percuté par Lamy. Le choc est violent et des morceaux de voitures s'envolent, il y a des débris partout. Je photographie depuis la tribune, et bien sûr encore plus ce qu'il vient de se passer. J'appuie sur le déclencheur comme pour exorciser une suite fatale. Ouf : aucun des deux n'est blessé. Mais ça commence tout de même à faire beaucoup pour ce week-end maudit !

Pour le deuxième départ, je suis descendu au ras de la piste. Le grand écran me livre les premières images du drame qui s'est joué hors de ma vue, et devant moi les drapeaux rouges s'agitent et stoppent immédiatement Schumacher, alors en tête. Je comprends que c'est à Tamburello, à deux pas. Je cours, et comme trois confrères arrivés aussi vite, à nouveau je déclenche, et encore je presse le bouton de mon appareil. La photo m'a robotisé. Mais d'un coup mon cerveau reprend le dessus, avec un seul message : "Stop ! Je ne peux pas. C'est horrible. Je ne peux pas photographier ça !" Aucun de nous quatre ne fera paraître une de ces épouvantables photos. Je ne suis pas un indigne paparazzi. L'éditeur employeur de l'un de nous les a mises au coffre. Moi, je les ai brûlées. Les garder m'aurait brûlé moi-même.

The show must go on. Peut-être, mais pour l'instant je suis en larmes ! Les pilotes encore en course ont vraisemblablement été rassurés sur l'état de Senna. Mais la série noire continue ! Un peu avant le 50e tour Michele Alboreto – si proche ami d'Ayrton ! – sort du stand avec une roue mal fixée, qui s'envole et fauche plusieurs mécaniciens. Des blessés, mais personne en danger. J'enregistre mais je m'en fiche. Schumacher gagne mais je m'en fiche. Le podium est sans champagne, ni même effusions entre les lauréats de ces trois jours morbides, mais je m'en fiche ! Je suis ailleurs. Et je pars plus loin : ailleurs de ce lieu maudit. Avec moi, ce casque sous le bras qui m'est si précieux que j'ai envie de le chérir, de l'embrasser. Personne d'autre ne l'aura jamais. Il me sauve de ce week-end de l'Apocalypse. Alors qu'Alain et moi rentrons sur Nîmes, la radio de bord nous annonce le décès d'Ayrton. »

L'ENQUÊTE D'*AUTOSPRINT*

Après l'accident de Senna, les rédactions du monde entier se tournent vers Imola. Elles n'ont qu'une seule question en tête : pourquoi la Williams est-elle allée tout droit dans la courbe de Tamburello ? Le magazine italien *Autosprint* est le premier à comprendre les dessous de l'accident. Le lundi 2 mai 1994, la rédaction se regroupe dans ses bureaux de San Lazzaro di Savena. Angelo Orsi, photographe du magazine, projette les photos prises le jour précédent grâce à un rétroprojecteur. C'est alors que Gabriele Tarquini, ancien pilote de F1, appelle la rédaction. Sur les images de la Rai, il a pu voir un objet non identifié intrigant, à côté du cockpit de la Williams de Senna.

La rédaction consulte de nouveau les clichés : il s'agit de la colonne de direction de la FW16. Les journalistes supposent alors qu'elle a été coupée par l'équipe médicale pour sortir le pilote de l'habitacle. Mais il se trouve justement que le Dr Domenico Salcito, qui secondait Sid Watkins lors de l'intervention, se trouve dans le bureau du magazine ce jour-là. Et son témoignage fait bondir toute la rédaction : « Nous n'avons pas touché ni vu la colonne de direction, qui gisait par terre dès le début de notre intervention. C'était étrange », se remémore-t-il dans les colonnes du magazine en 2019.

Progressivement, *Autosprint* – réputé pour la qualité technique de ses analyses – révèle les contours de l'accident. Le 10 mai, ils publient en une le titre évocateur « *Le suspect* » accompagné d'une photographie de la fameuse colonne de direction détachée. L'enquête débutée par le magazine et le procès médiatisé en découlant révèleront que l'accident est dû à une rupture de la colonne de direction. Colonne qui avait été modifiée à la demande de Senna, le pilote souhaitant être plus à l'aise dans l'habitacle de sa F1. Le décès du pilote est quant à lui dû à un impact à la tête venant d'un bras de suspension.

Double-page suivante : une image fugace : la Williams FW16, dernière F1 pilotée par le talentueux Brésilien.

LES INTERVIEWS FILMÉES

Durant sa longue carrière de photographe professionnel, Dominique Leroy a recueilli les témoignages des pilotes de Formule 1 et des contemporains ayant côtoyé Ayrton Senna, en réalisant des films documentaires. Vous trouverez des extraits émouvants de ses interviews exclusives en scannant le QR code ci-contre.

- **JEAN ALESI**, pilote français, 201 Grands Prix disputés entre 1989 et 2001.
- **GIOVANNA AMATI**, pilote italienne, engagée dans 3 Grands Prix en 1992.
- **THIERRY BOUTSEN**, pilote belge et ami d'Ayrton Senna. 163 Grand Prix disputés entre 1983 et 1993.
- **JOHNNY CECOTTO**, pilote vénézuélien, coéquipier d'Ayrton Senna en 1984. 18 Grands Prix disputés entre 1983 et 1984.
- **CLIVE CHAPMAN**, fils de Colin Chapman, fondateur de l'écurie Lotus, et Directeur Général de Classic Teams Lotus.
- **JEAN-MARC GOUNON**, pilote français, 9 Grands Prix disputés entre 1993 et 1994
- **JACKY ICKX**, pilote belge, vice-champion du monde de Formule 1 en 1969 et 1970.
- **JEAN-PIERRE JARIER**, pilote français, 134 Grands Prix disputés entre 1971 et 1983.
- **STEFAN JOHANSSON**, pilote suédois, coéquipier d'Ayrton Senna en 1984. 79 Grands Prix disputés en 1983 et 1991.
- **FELIPE MASSA**, pilote brésilien, 269 Grands Prix disputés entre 2002 et 2017.
- **PATRICK TAMBAY**, pilote français, 114 Grands Prix disputés entre 1977 et 1986.
- **JACKIE STEWART**, pilote britannique, Champion du Monde de Formule 1 en 1969, 1971, 1973.
- **ERIC VAN DE POELE**, pilote belge, 5 Grands Prix disputés entre 1991 et 1992.

L'éditeur remercie tous ces pilotes pour leur participation aux interviews.

REMERCIEMENTS

Écrire sur Ayrton Senna est une chance et un privilège. Ce livre que vous tenez entre les mains n'aurait jamais pu exister sans le précieux accompagnement de personnes qui nous sont désormais très chères. Chez Glénat, tout d'abord. En pole position, un grand merci à David Kings et Sophie Lecompte. Leurs conseils et accompagnements, ainsi que leur soutien lors de la rédaction de l'ouvrage nous ont été chers. Un grand merci aussi dans la finalisation de cet ouvrage à Sophie Legras.

Une immense gratitude aux interlocuteurs sollicités pour ce livre qui ont accepté de discuter de l'homme qu'était Ayrton Senna et de se replonger dans leurs souvenirs. Chez Lotus à Norfolk, Bob Dance et Chris Dinnage. En Italie, merci à Leo Turrini et Mike Wilson. Du côté de la Caroline du Nord, un sincère remerciement à Jacques Dallaire, ainsi qu'à Steve Hallam en Californie. Aussi, à São Paulo, remerciements éternels à Nuno Cobra. Merci également à Sidineia Schwarzwalder et Pamela Jansen pour les multiples mises en relation.

À Helena Santos Hortz, qui a été d'une immense générosité. Son aide dans la navigation de textes dans la langue de Vasco de Gama et son assistance dans les diverses entrevues au Brésil n'ont pas de prix. *Muito obrigado a você.*

À Dominique Leroy pour sa confiance et collaboration dans cette aventure. À Richard Micoud de l'Automobile Club de Monaco. À Grégory et Loïc, et aux passionnés de Formule 1 et de sports qui vont vite. À nos parents, nos familles, nos amis et aux collègues de Thomas chez *Silverstone* à Monaco, dont le soutien et l'enthousiasme sont indéfectibles. À Victoria et à Sylvain.

Daniel Ortelli et Thomas Woloch

Un grand merci à tous ceux qui ont rendu possible la réalisation de ce livre, à commencer par les pilotes avec lesquels j'ai pu nouer une profonde amitié, Jean Alesi, Gerhard Berger et Thierry Boutsen. Leurs témoignages publiés en avant-propos me touchent particulièrement.
Merci ensuite aux camarades de jeux qui m'ont accompagné pour réaliser les interviews de tant d'acteurs de la F1 : Jean Claude Azria et Bruno Bonizec.
Je tiens à témoigner toute ma reconnaissance aux personnes suivantes, pour leurs précieuses contributions : Patrick Behar, Denis Chevrier, Jean-Jacques Delaruwière, Steve Domenjoz et René Fagnan (notamment pour les prises de vue à Detroit en 1986).
Jacques Furet, Richard Micoud, Raymond Papanti, Didier Paris et Pierre Van Vliet.
Anaïs Monells, Anne Rol, Marion Yvora, Jean-Michel Tibi, Pierre Van Vliet, Guillaume Zazurca et Stéphane Zuber.
Un remerciement particulier à Anne-Laure Chambert-Protat et sa fille Coline.
À ma compagne, Theresa Revoil, qui m'a soutenu tout au long des moments de stress.
Merci enfin à toute l'équipe Glénat et à mes deux co-auteurs, Daniel et Thomas, qui ont repris si dignement le flambeau pour écrire un texte à la hauteur de ce grand champion. Bravo à eux !

Merci à René Fagnan pour les photos des pages 15 (B), 17 (D) et 36 ; à Renault Sport pour la photo des pages 34-35 ; à Honda pour les photos des pages 72, 73, 109 et 164.

Un grand merci à Grand Prix Photo qui présente depuis longtemps le travail de Dominique Leroy. À l'exception des photos indiquées ci-dessus, et des photos des pages 4, 5 (D), 14 (H), 27 (H), 48, 63 (D) et 216, toutes les photos de ce livre sont désormais disponibles sur www.grandprixphoto.com et sur www.dominiqueleroy.art

Dominique Leroy